Suhrkamp BasisBibliothek 31

AF177327

Diese Ausgabe der »Suhrkamp BasisBibliothek – Arbeitstexte für Schule und Studium« bietet nicht nur E. T. A. Hoffmanns berühmtes Märchen *Der goldene Topf*, sondern auch einen Kommentar, der alle für das Verständnis des Buches erforderlichen Informationen enthält: eine Zeittafel zu Leben und Werk des Autors, ausführliche Hinweise zum historischen und biographischen Hintergrund des Märchens, die Entstehungs- und Textgeschichte, Deutungsansätze, Literaturhinweise sowie Wort- und Sacherläuterungen. Der Kommentar ist entsprechend den neuen Rechtschreibregeln verfasst.

»Die Publikation ist einerseits für die Zielgruppe der Studenten lehrreich und gleichzeitig für alle Liebhaber dieser Literaturepoche vergnüglich.«   *Westfälischer Anzeiger*

Peter Braun (1960–2016) war Journalist und Autor und hat zahlreiche Publikationen u. a. zu E. T. A. Hoffmann (SBB 45) verfasst.

E.T.A. Hoffmann
Der goldene Topf

*Ein Märchen aus
der neuen Zeit*

Mit einem Kommentar
von Peter Braun

Suhrkamp

Der vorliegende Text folgt der Ausgabe:
E. T. A. Hoffmann, *Der goldene Topf. Ein Märchen aus der neu-en Zeit*, in: E. T. A. Hoffmann: *Sämtliche Werke in sechs Bänden.* Herausgegeben von Hartmut Steinecke und Wulf Segebrecht unter Mitarbeit von Gerhard Allroggen, Friedhelm Auhuber, Hartmut Mangold und Ursula Segebrecht. Band 2/1: *Fantasiestücke in Callot's Manier. Werke 1814.* Herausgegeben von Hartmut Steinecke unter Mitarbeit von Gerhard Allroggen und Wulf Segebrecht. Frankfurt am Main: Deutscher Klassiker Verlag 1993, S. 229–321.

10. Auflage 2025

Erste Auflage 2002
Originalausgabe
Suhrkamp BasisBibliothek 31

Satz: pagina GmbH, Tübingen
Druck: CPI books GmbH, Leck
Umschlaggestaltung: Hermann Michels und Regina Göllner
Umschlagabbildung: Archiv für Kunst und Geschichte, Berlin
Printed in Germany
ISBN 978-3-518-18831-6

Suhrkamp Verlag GmbH
Torstraße 44, 10119 Berlin
info@suhrkamp.de
www.suhrkamp.de

Inhalt

E.T.A. Hoffmann,
Der goldene Topf. Ein Märchen aus
der neuen Zeit 7

Kommentar

Zeittafel 111

Entstehungs- und Textgeschichte 116

Quellen 120

Erzählstrategien 124

Wirkungsgeschichte 128

Aspekte der Forschung 131

Literaturhinweise 138

Wort- und Sacherläuterungen 144

Der goldene Topf

Ein Märchen aus der neuen Zeit

Erste ⌈Vigilie⌉

Die Unglücksfälle des Studenten ⌈Anselmus⌉. ⌈Des Konrek-
tors Paulmann ⌈Sanitätsknaster⌉ und die goldgrünen
Schlangen.⌉

5 Am Himmelsfahrtstage Nachmittags um drei Uhr rannte
ein junger Mensch in Dresden durchs ⌈schwarze Tor⌉ und
gerade zu in einen ⌈Korb⌉ mit Äpfeln und Kuchen hinein,
die ein altes häßliches Weib feil bot, so, daß alles, was der
Quetschung glücklich entgangen, hinausgeschleudert wur-
10 de, und die Straßenjungen sich lustig in die Beute teilten,
die ihnen der hastige Herr zugeworfen. Auf das Zetergeschrei, das die Alte erhob, verließen die Gevatterinnen* Taufpatinnen;
ihre Kuchen- und Branntweintische, umringten den jungen hier: Markt-
Menschen und schimpften mit pöbelhaftem Ungestüm auf frauen
15 ihn hinein, so daß er vor Ärger und Scham verstummend,
nur seinen kleinen nicht eben besonders gefüllten Geldbeu-
tel hinhielt, den die Alte begierig ergriff und schnell ein-
steckte. Nun öffnete sich der festgeschlossene Kreis, aber
indem der junge Mensch hinaus schoß, rief ihm die Alte
20 nach: ja renne – renne nur zu, Satanskind – ins ⌈Krystall⌉
bald dein Fall – ins Krystall! – Die gellende, krächzende
Stimme des Weibes hatte etwas entsetzliches, so daß die
Spaziergänger verwundert stillstanden und das Lachen,
das sich erst verbreitet, mit einem Mal verstummte. – Der
25 Student Anselmus (niemand anders war der junge Mensch)
fühlte sich, unerachtet er des Weibes sonderbare Worte
durchaus nicht verstand, von einem unwillkürlichen Grausen ergriffen, und er beflügelte noch mehr seine Schritte,
um sich den auf ihn gerichteten Blicken der neugierigen
30 Menge zu entziehen. Wie er sich nun durch das Gewühl
geputzter Menschen durcharbeitete, hörte er überall murmeln: »der arme junge Mann – Ei! – über das verdammte

Weib!« – Auf ganz sonderbare Weise hatten die geheimnisvollen Worte der Alten dem lächerlichen Abenteuer eine gewisse tragische Wendung gegeben, so daß man dem vorhin ganz Unbemerkten jetzt teilnehmend nachsah, und die Frauenzimmer dem wohlgebildeten Gesicht, dessen Ausdruck die Glut des innern Grimms noch erhöhte, so wie dem kräftigen Wuchse des Jünglings, allen Ungeschick, so wie den ganz aus dem Gebiete aller Mode liegenden Anzug verziehen. Sein hechtgrauer Frack war nehmlich so zugeschnitten, als habe der Schneider, der ihn gearbeitet, die moderne Form von Hörensagen gekannt und das schwarzatlasne* wohlgeschonte Unterkleid, gab dem Ganzen einen gewissen magistermäßigen Styl, dem sich nun wieder Gang und Stellung durchaus nicht fügen wollte. – Als der Student schon beinahe das Ende der Allee erreicht, die nach dem ⌐Linkischen Bade⌐ führt, wollte ihm beinahe der Atem ausgehen; er sah sich genötigt, langsamer zu wandeln, aber kaum wagte er den Blick in die Höhe zu richten, denn noch immer sah er die Äpfel und Kuchen um sich tanzen und jeder freundliche Blick dieses oder jenes Mädchens war ihm nur der Reflex des schadenfrohen Gelächters am schwarzen Tor. So war er bis an den Eingang des Linkischen Bades gekommen; da sah er ganz wehmütig, wie eine Reihe festlich gekleideter Menschen nach der andern herein zog. Musik von Blasinstrumenten ertönte von innen und immer lauter und lauter wurde das Gewühl der lustigen Gäste. Die Tränen wären dem armen Studenten Anselmus beinahe in die Augen getreten, denn auch *er* hatte, da der Himmelfahrtstag immer ein besonderes Familienfest für ihn gewesen, an der Glückseligkeit des Linkischen Paradieses Teil nehmen, ja er hatte es bis zu einer halben Portion Kaffee mit Rum und einer Bouteille* Doppelbier treiben wollen, und um so recht schlampampen* zu können, mehr Geld eingesteckt, als eigentlich erlaubt und tunlich war. Und nun hatte ihn der fatale Tritt in den Äpfelkorb um

Atlas: arab. Bezeichnung für ein glattes, hochglänzendes, billiges Seidengewebe

(franz.) Flasche

schmausen

Alles gebracht, was er bei sich getragen. An Kaffee, an
Doppelbier, an Musik, an den Anblick der geputzten Mädchen – kurz! – an alle geträumten Genüsse war nicht zu
denken; er schlich langsam vorbei und schlug endlich den
5 Weg an der Elbe ein, der gerade ganz einsam war. Unter
einem ⌐Holunderbaume¬, der aus der Mauer hervorge-
sprossen, fand er ein freundliches Rasenplätzchen, da setzte
er sich hin und stopfte eine Pfeife von dem Sanitätsknaster,
den ihm sein Freund, der Konrektor* Paulmann geschenkt.

Stellvertreter
des Rektors
einer Schule

10 – Dicht vor ihm plätscherten und rauschten die goldgelben
Wellen des schönen Elbstroms, hinter demselben streckte
⌐das herrliche Dresden¬ kühn und stolz seine lichten Türme
empor in den duftigen Himmelsgrund, der sich hinabsenk-
te auf die blumigten Wiesen und frisch grünenden Wälder
15 und aus tiefer Dämmerung gaben die zackigten Gebirge
Kunde vom fernen Böhmerlande. Aber finster vor sich hin-
blickend, blies der Student Anselmus die Dampfwolken in
die Luft und sein Unmut wurde endlich laut, indem er
sprach: »Wahr ist es doch, ich bin zu allem möglichen
20 Kreuz und Elend geboren! – Daß ich niemals ⌐Bohnen-
König¬ geworden, daß ich im ⌐Paar oder Unpaar¬ immer
falsch geraten, daß mein Butterbrod immer auf die fette
Seite gefallen; von allem diesen Jammer will ich gar nicht
reden; aber, ist es nicht ein schreckliches Verhängnis, daß
25 ich, als ich denn doch nun dem Satan zum Trotz Student
geworden war, ein ⌐Kümmeltürke¬ sein und bleiben mußte? – Ziehe ich wohl je einen neuen Rock an, ohne gleich
das erstemal einen Talgfleck hineinzubringen oder mir an
einem übeleingeschlagenen Nagel ein verwünschtes Loch
30 hineinzureißen? Grüße ich wohl je einen Herrn Hofrat*
oder eine Dame, ohne den Hut weit von mir zu schleudern
oder gar auf dem glatten Boden auszugleiten und schändlich umzustülpen? Hatte ich nicht schon in Halle jeden
Markttag eine bestimmte Ausgabe von drei bis vier Gro-
35 schen für zertretene Töpfe, weil mir der Teufel in den Kopf

Seit dem
16. Jh.
Mitglied einer
Regierungs-
oder Justizbe-
hörde; später
auch als
feudaler Titel
verliehen

setzt, meinen Gang gerade aus zu nehmen, wie die ⌜Laminge⌝? Bin ich denn ein einziges mal ins Kollegium* oder wo man mich sonst hin beschieden, zu rechter Zeit gekommen? Was half es, daß ich eine halbe Stunde vorher ausging, und mich vor die Türe hinstellte, den Drücker in der Hand, denn so wie ich mit dem Glockenschlage auf- drücken wollte, goß mir der Satan ein Waschbecken über den Kopf oder ließ mich mit einem Heraustretenden zu- sammenrennen, daß ich in tausend Händel* verwickelt wurde und darüber alles versäumte. – Ach! Ach! wo seid ihr hin, ihr seligen Träume künftigen Glücks, wie ich stolz wähnte, ich könne es wohl hier noch bis zum geheimen Sekretär bringen! Aber hat mir mein Unstern nicht die be- sten Gönner verfeindet? – Ich weiß, daß der geheime Rat, an den ich empfohlen bin, verschnittenes Haar nicht leiden mag, mit Mühe befestigt der Friseur einen kleinen ⌜Zopf⌝ an meinem Hinterhaupt, aber bei der ersten Verbeugung springt die unglückselige Schnur und ein muntrer Mops, der mich umschnüffelt, apportiert im Jubel das Zöpfchen dem geheimen Rate. Ich springe erschrocken nach und stürze über den Tisch, an dem er frühstückend gearbeitet hat, so daß Tassen, Teller, Tintenfaß – Sandbüchse* klir- rend herabstürzen und der Strom von Chokolade und Tin- te sich über die eben geschriebene Relation* ergießt. ›Herr, sind Sie des Teufels‹, brüllt der erzürnte geheime Rat und schiebt mich zur Türe hinaus. – Was hilft es, daß mir der Konrektor Paulmann Hoffnung zu einem Schreiberdienste gemacht hat, wird es denn mein Unstern zulassen, der mich überall verfolgt! – Nur noch heute! – Ich wollte den lieben Himmelfahrtstag recht in der Gemütlichkeit feiern, ich wollte ordentlich was darauf gehen lassen. Ich hätte eben so gut wie jeder andere Gast in Linke's Bade stolz rufen können: Marqueur* – eine Flasche Doppelbier – aber vom besten bitte ich! – Ich hätte bis spät Abends sitzen können und noch dazu ganz nahe bei dieser oder jener Gesellschaft

Vorlesung bzw. Veranstal- tungsgebäude an einer Universität

Streitereien

Büchse mit Streusand zum Trocknen der Tinte

(lat.) Bericht

(franz.) Anschreiber beim Billard; hier: Kellner

herrlich geputzter schöner Mädchen. Ich weiß es schon,
der Mut wäre mir gekommen, ich wäre ein ganz anderer
Mensch geworden; ja, ich hätte es so weit gebracht, daß
wenn diese oder jene gefragt: wie spät mag es wohl jetzt
sein, oder: was ist denn das, was sie spielen? Da wäre ich
mit leichtem Anstande aufgesprungen ohne mein Glas um-
zuwerfen oder über die Bank zu stolpern; mich in gebeug-
ter Stellung anderthalb Schritte vorwärts bewegend, hätte
ich gesagt: Erlauben Sie, Mademoiselle, Ihnen zu dienen, es
ist die Ouvertüre aus dem ⌐Donauweibchen⌐, oder: es wird
gleich sechs Uhr schlagen. – Hätte mir das ein Mensch in
der Welt übel deuten können? – Nein! sage ich, die Mädchen hätten sich so schalkhaft lächelnd angesehen, wie es
wohl zu geschehen pflegt, wenn ich mich ermutige zu zeigen, daß ich mich auch wohl auf den leichten Weltton ver-
stehe und mit Damen umzugehen weiß. Aber da führt mich
der Satan in den verwünschten Apfelkorb und nun muß ich
in der Einsamkeit meinen Sanitätsknaster*. –« Hier wurde Vgl. Erl. zu 9.3
der Student Anselmus in seinem Selbstgespräche durch ein
sonderbares Rieseln und Rascheln unterbrochen, das sich
dicht neben ihm im Grase erhob, bald aber in die Zweige
und Blätter des Holunderbaums hinauf glitt, der sich über
seinem Haupte wölbte. Bald war es, als schüttle nur der
Abendwind die Blätter, bald als kos'ten Vögelein in den
Zweigen, die kleinen Fittige im mutwilligen Hin- und Her-
flattern rührend. – Da fing es an zu flüstern und zu lispeln,
und es war, als ertönten die Blüten wie aufgehangene Kry-
stallglöckchen. Anselmus horchte und horchte. Da wurde,
er wußte selbst nicht wie, das Gelispel und Geflüster und
Geklingel zu leisen halbverwehten Worten:

Zwischen durch – zwischen ein – zwischen Zweigen,
zwischen schwellenden Blüten, schwingen, schlängeln,
schlingen wir uns – Schwesterlein – Schwesterlein,
schwinge dich im Schimmer – schnell, schnell herauf –
herab – Abendsonne schießt Strahlen, zischelt der

Abendwind – raschelt der Tau – Blüten singen – rühren wir Zünglein, singen wir mit Blüten und Zweigen – Sterne bald glänzen – müssen herab – zwischen durch, zwischen ein schlängeln, schlingen, schwingen wir uns Schwesterlein. –

So ging es fort in Sinne-verwirrender Rede. Der Student Anselmus dachte: das ist denn doch nur der Abendwind, der heute mit ordentlich verständlichen Worten flüstert. – Aber in dem Augenblick ertönte es über seinem Haupte, wie ein Dreiklang heller Krystallglocken, er schaute herauf und erblickte ⌐drei in grünem Gold erglänzende Schlänglein⌐, die sich um die Zweige gewickelt hatten, und die Köpfchen der Abendsonne entgegenstreckten. Da flüsterte und lispelte es von Neuem in jenen Worten, und die Schlänglein schlüpften und kos'ten auf und nieder durch die Blätter und Zweige, und wie sie sich so schnell zu rühren anfingen, da war es, als streue der Holunderbusch tausend funkelnde ⌐Smaragden⌐ durch seine dunkle Blätter. »Das ist die Abendsonne, die so in dem Holunder spielt«, dachte der Student Anselmus, aber da ertönten die Glocken wieder und Anselmus sah, wie eine Schlange ihr Köpfchen nach ihm herabstreckte. Da fuhr es ihm durch alle Glieder wie ein elektrischer Schlag, er erbebte im Innersten – er starrte herauf und ein Paar herrliche ⌐dunkelblaue Augen⌐ blickten ihn mit unaussprechlicher Sehnsucht an, so daß ein nie gekanntes Gefühl der höchsten Seligkeit und des tiefsten Schmerzes seine Brust zersprengen wollte. Und wie er voll heißen Verlangens immer die Augen anblickte, da ertönten stärker in lieblichen Akkorden die Krystallglocken und die funkelnden Smaragden fielen auf ihn herab und umspannten ihn in tausend Flämmchen um ihn herflackernd und spielend mit Goldfaden. Der Holunderbusch rührte sich und sprach: »Du lagst in meinem Schatten, mein Duft umfloß dich, aber du verstandest mich nicht. Der Duft ist meine Sprache, wenn ihn die Liebe entzündet.« Der Abendwind strich vorüber und sprach: »ich umspielte deine Schläfe aber du verstandest mich nicht, der Hauch ist meine Sprache, wenn ihn die Liebe entzündet.« Die Sonnenstrahlen brachen durch das Gewölk und der Schein brannte wie in Worten: »ich umgoß Dich mit glühendem Gold, aber du verstandest mich nicht; Glut ist meine Sprache, wenn sie die Liebe entzündet.«

Und immer inniger und inniger versunken in den Blick des herrlichen Augenpaars, wurde heißer die Sehnsucht, glühender das Verlangen. Da regte und bewegte sich alles, wie zum frohen Leben erwacht. Blumen und Blüten dufteten um ihn her, und ihr Duft war wie herrlicher Gesang von tausend Flötenstimmen, und was sie gesungen, trugen im Wiederhall die goldenen vorüberfliehenden Abendwolken in ferne Lande. Aber als der letzte Strahl der Sonne schnell hinter den Bergen verschwand, und nun die Dämmerung ihren Flor über die Gegend warf, da rief wie aus weiter Ferne eine rauhe tiefe Stimme:

Hei, hei, was ist das für ein Gemunkel und Geflüster da drüben? – Hei, hei, wer sucht mir doch den Strahl hinter den Bergen! – genug gesonnt, genug gesungen – Hei, hei, durch Busch und Gras – durch Gras und Strom! – Hei, – hei – Her u – u – u nter – Her u – u – u nter! –

So verschwand die Stimme wie im Murmeln eines fernen Donners, aber die Krystallglocken zerbrachen im schneidenden Mißton. Alles war verstummt und Anselmus sah wie die drei Schlangen schimmernd und blinkend durch das Gras nach dem Strom schlüpften; rischelnd und raschelnd stürzten sie sich in die Elbe, und über den Wogen, wo sie verschwunden, knisterte ein grünes Feuer empor, das in schiefer Richtung nach der Stadt zu, leuchtend verdampfte.

Zweite Vigilie

Wie der Student Anselmus für betrunken und wahnwitzig gehalten wurde. – Die Fahrt über die Elbe – die Bravour-Arie des Kapellmeisters ⌐Graun⌐ – Conradis Magen-Liqueur und das bronzierte Äpfelweib.

»Der Herr ist wohl nicht recht bei Troste!« sagte eine ehrbare Bürgersfrau, die vom Spaziergange mit der Familie heimkehrend, still stand und mit übereinandergeschlagenen Armen dem tollen Treiben des Studenten Anselmus zusah. *Der* hatte nemlich den Stamm des Holunderbaumes umfaßt und rief unaufhörlich in die Zweige und Blätter hinein: »O nur noch einmal blinket und leuchtet ihr lieblichen goldnen Schlänglein, nur noch einmal laßt eure Glockenstimmchen hören! Nur noch einmal blicket mich an, ihr holdseligen blauen Augen, nur noch einmal, ich muß ja sonst vergehen in Schmerz und heißer Sehnsucht!« Und dabei seufzte und ächzte er aus der tiefsten Brust recht kläglich und schüttelte vor Verlangen und Ungeduld den Holunderbaum, der aber statt aller Antwort nur ganz dumpf und unvernehmlich mit den Blättern rauschte und so den Schmerz des Studenten Anselmus ordentlich zu verhöhnen schien. – »Der Herr ist wohl nicht recht bei Troste«, sagte die Bürgersfrau und dem Anselmus war es so, als würde er aus einem tiefen Traum gerüttelt oder gar mit eiskaltem Wasser begossen, um ja recht jähling zu erwachen. Nun sah er erst wieder deutlich wo er war, und besann sich, wie ein sonderbarer Spuk ihn geneckt und gar dazu getrieben habe, ganz allein für sich selbst, in lauten Worten auszubrechen. Bestürzt blickte er die Bürgersfrau an, und griff endlich nach dem Hute, der zur Erde gefallen, um davon zu eilen. Der Familien-Vater, der unterdessen auch heran gekommen, und, nachdem er das Kleine, das er

auf dem Arm getragen, ins Gras gesetzt, auf seinen Stock
sich stützend mit Verwunderung dem Studenten zugehört
und zugeschaut hatte, hob jetzt Pfeife und Tabacksbeutel
auf, die der Student fallen lassen, und sprach, beides ihm
5 hinreichend: »Lamentier'* der Herr nicht so schrecklich in
der Finsternis und vexier'* er nicht die Leute, wenn ihm
sonst nichts fehlt, als daß er zu viel ins Gläschen gekuckt –
geh' er fein ordentlich zu Hause und leg' er sich aufs Ohr!«
Der Student Anselmus schämte sich sehr, er stieß ein wei-
10 nerliches Ach! aus. Nun nun, fuhr der Bürgersmann fort:
»laß es der Herr nur gut sein, so was geschieht dem Besten,
und am lieben Himmelfahrtstage kann man wohl in der
Freude seines Herzens ein Schlückchen über den Durst tun.
Das passiert auch wohl einem Mann Gottes – der Herr ist
15 ja doch wohl ein Kandidat – Aber wenn es der Herr erlaubt, stopf' ich mir ein Pfeifchen von seinem Taback, meiner ist mir da droben ausgegangen.« Dies sagte der Bürger,
als der Student Anselmus schon Pfeife und Beutel einstek-
ken wollte, und nun reinigte der Bürger langsam und be-
20 dächtig seine Pfeife, und fing eben so langsam an zu stop-
fen. Mehrere Bürgermädchen waren dazugetreten, die
sprachen heimlich mit der Frau und kickerten mit einander, indem sie den Anselmus ansahen. *Dem* war es als stände er auf lauter spitzigen Dornen und glühenden Nadeln.
25 So wie er nur Pfeife und Tabacksbeutel erhalten, rannte er
spornstreichs davon. Alles was er wunderbares gesehen,
war ihm rein aus dem Gedächtnis geschwunden, und er
besann sich nur, daß er unter dem Holunderbaum allerlei
tolles Zeug ganz laut geschwatzt, was ihm denn um so
30 entsetzlicher war, als er von jeher einen innerlichen Ab-
scheu gegen alle Selbstredner gehegt. Der Satan schwatze
aus ihnen, sagte sein Rektor und er hielt das stets für wahr.
Für einen am Himmelfahrtstage betrunkenen ⌐Candidatus
theologiae⌐ gehalten zu werden, der Gedanke war ihm un-
35 erträglich. Schon wollte er in die Pappelallee bei dem

jammere,
klage

halte er die
Leute nicht
zum Narren

⌐Koselschen Garten⌐ einbiegen, als eine Stimme hinter ihm herrief: Hr. Anselmus! Hr. Anselmus! wo rennen Sie denn um tausend Himmelswillen hin in solcher Hast! Der Student blieb wie in den Boden gewurzelt stehen, denn er war überzeugt, daß nun gleich ein neues Unglück auf ihn einbrechen werde. Die Stimme ließ sich wieder hören: Hr. Anselmus, so kommen Sie doch zurück, wir warten hier am Wasser! – Nun vernahm der Student erst, daß es sein Freund der Konrektor Paulmann war, der ihn rief, er ging zurück an die Elbe, und fand den Konrektor mit seinen beiden Töchtern, so wie den Registrator* Heerbrand, wie sie eben im Begriff waren in eine Gondel zu steigen. Der Konrektor Paulmann lud den Studenten ein, mit ihm über die Elbe zu fahren und dann in seiner, auf der Pirnaer Vorstadt gelegenen Wohnung Abends über bei ihm zu bleiben. Der Student Anselmus nahm das recht gern an, weil er denn doch so dem bösen Verhängnis, das heute über ihn gewaltet, zu entrinnen glaubte. Als sie nun über den Strom fuhren, begab es sich, daß auf dem jenseitigen Ufer bei dem ⌐Antonschen Garten⌐ ein Feuerwerk abgebrannt wurde. Prasselnd und zischend fuhren die Raketen in die Höhe und die leuchtenden Sterne zersprangen in den Lüften tausend knisternde Strahlen und Flammen um sich sprühend. Der Student Anselmus saß in sich gekehrt bei dem rudernden Schiffer, als er nun aber den Wiederschein der in der Luft herumsprühenden und knisternden Funken und Flammen im Wasser sah, da war es ihm, als zögen die goldnen Schlänglein wieder durch die Flut. Alles was er unter dem Holunderbaum seltsames geschaut, trat wieder lebendig in Sinn und Gedanken, und aufs neue ergriff ihn die unaussprechliche Sehnsucht, das glühende Verlangen, welches dort seine Brust in krampfhaft schmerzvollem Entzücken erschüttert. »Ach, seid ihr es denn wieder, ihr goldenen Schlänglein, singt nur, singt! In eurem Gesange erscheinen ja wieder die holden lieblichen dunkelblauen Au-

Ein Karteien und Aktenverzeichnisse führender Beamter

Der goldene Topf

gen – ach, seid ihr denn unter den Fluten!« – So rief der Student Anselmus und machte dabei eine heftige Bewegung, als wolle er sich gleich aus der Gondel in die Flut stürzen. »Ist der Herr des Teufels?« rief der Schiffer und erwischte ihn beim Rockschoß. Die Mädchen, welche bei ihm gesessen, schrien im Schreck auf und flüchteten auf die andere Seite der Gondel; der Registrator Heerbrand sagte dem Konrektor Paulmann etwas ins Ohr, worauf dieser mehreres antwortete, wovon der Student Anselmus aber nur die Worte verstand: »Der gleichen Anfälle – noch nicht bemerkt?« – Gleich nachher stand auch der Konrektor Paulmann auf und setzte sich mit einer gewissen ernsten gravitätischen* Amtsmiene zu dem Studenten Anselmus seine Hand nehmend und sprechend: Wie ist Ihnen, Herr Anselmus? Dem Studenten Anselmus vergingen beinahe die Sinne, denn in seinem Innern erhob sich ein toller Zwiespalt, den er vergebens beschwichtigen wollte. Er sah' nun wohl deutlich, daß das, was er für das Leuchten der goldenen Schlänglein gehalten, nur der Wiederschein des Feuerwerks bei Antons Garten war, aber ein nie gekanntes Gefühl, er wußte selbst nicht, ob Wonne, ob Schmerz, zog krampfhaft seine Brust zusammen, und wenn der Schiffer nun so mit dem Ruder ins Wasser hineinschlug, daß es wie im Zorn sich empor kräuselnd plätscherte und rauschte, da vernahm er in dem Getöse ein heimliches Lispeln und Flüstern: Anselmus! Anselmus! Siehst du nicht, wie wir stets vor dir herziehen? – Schwesterlein blickt dich wohl wieder an – glaube – glaube – glaube an Uns – Und es war ihm, als säh' er im Wiederschein drei grünglühende Streife. Aber als er dann recht wehmütig ins Wasser hineinblickte, ob nun nicht die holdseligen Augen aus der Flut herausschauen würden, da sah' er wohl, daß der Schein nur von den erleuchteten Fenstern der nahen Häuser herrührte. Schweigend saß er da und im Innern mit sich kämpfend, aber der Konrektor Paulmann sprach noch heftiger: Wie ist Ihnen,

*ernsten, würdevollen, gemessenen

Hr. Anselmus? Ganz kleinmütig antwortete der Student: Ach lieber Herr Konrektor, wenn Sie wüßten, was ich eben unter einem Holunderbaum bei der Linkeschen Gartenmauer ganz wachend mit offnen Augen für ganz besondere Dinge geträumt habe, ach Sie würden mir es gar nicht verdenken, daß ich so gleichsam abwesend – Ei, ei, Herr Anselmus, fiel der Konrektor Paulmann ein: ich habe Sie immer für einen soliden jungen Mann gehalten, aber träumen – mit hellen offnen Augen träumen und dann mit einem Mal ins Wasser springen wollen, das – verzeihen Sie mir, können nur Wahnwitzige oder Narren! – Der Student Anselmus wurde ganz betrübt über seines Freundes harte Rede, da sagte Paulmanns älteste Tochter ⌜Veronika⌝, ein recht hübsches blühendes Mädchen von sechszehn Jahren: Aber lieber Vater! es muß dem Hrn. Anselmus doch was besonderes begegnet sein und er glaubt vielleicht nur, daß er gewacht habe, unerachtet er unter dem Holunderbaum wirklich geschlafen und ihm allerlei närrisches Zeug vorgekommen, was ihm noch in Gedanken liegt. Und, teuerste Mademoiselle, werter Konrektor! nahm der Registrator Heerbrand das Wort: sollte man denn nicht auch wachend in einen gewissen träumerischen Zustand versinken können? So ist mir in der Tat selbst einmal Nachmittags beim Kaffee in einem solchen Hinbrüten, dem eigentlichen Moment körperlicher und geistiger Verdauung, die Lage eines verlornen Aktenstücks wie durch Inspiration eingefallen und nur noch gestern tanzte auf gleiche Weise eine herrliche große ⌜lateinische Frakturschrift⌝ vor meinen hellen offenen Augen umher. Ach geehrtester Registrator, erwiderte der Konrektor Paulmann: Sie haben immer solch einen Hang zu den Poeticis* gehabt und da verfällt man leicht in das Fantastische und Romanhafte. Aber dem Studenten Anselmus tat es wohl, daß man sich seiner in der höchst betrübten Lage für betrunken oder wahnwitzig gehalten zu werden annahm, und unerachtet es ziemlich fin-

(lat.) zu den Dichtkünsten

ster geworden, glaubte er doch zum erstenmale zu bemerken, wie Veronika recht schöne dunkelblaue Augen habe, ohne daß ihm jedoch jenes wunderbare Augenpaar einfiel. Überhaupt war dem Studenten Anselmus mit einem Mal nun wieder das Abenteuer unter dem Holunderbaum ganz verschwunden, er fühlte sich so leicht und froh, ja er trieb es wie im lustigen Übermute so weit, daß er bei dem Heraussteigen aus der Gondel seiner Schutzrednerin Veronika die hülfreiche Hand bot und ohne weiteres, als sie ihren Arm in den seinigen hing, sie mit so vieler Geschicklichkeit und so vielem Glück zu Hause führte, daß er nur ein einziges Mal ausglitt, und da es gerade der einzige schmutzige Fleck auf dem ganzen Wege war, Veronika's weißes Kleid nur ganz wenig bespritzte. Dem Konrektor Paulmann entging die glückliche Änderung des Studenten Anselmus nicht, er gewann ihn wieder lieb und bat ihn der harten Worte wegen, die er vorhin gegen ihn fallen lassen, um Verzeihung. Ja! fügte er hinzu: man hat wohl Beispiele, daß oft gewisse Fantasmata* dem Menschen fürkommen und ihn ordentlich ängstigen und quälen können, das ist aber körperliche Krankheit und es helfen ⌜Blutigel⌝, die man, salva venia*, dem Hintern appliziert*, wie ein berühmter bereits verstorbener Gelehrter bewiesen. Der Student Anselmus wußte nun in der Tat selbst nicht, ob er betrunken, wahnwitzig oder krank gewesen, auf jeden Fall schienen ihm aber die Blutigel ganz unnütz, da die etwanigen Fantasmata gänzlich verschwunden und er sich immer heiterer fühlte, je mehr es ihm gelang, sich in allerlei Artigkeiten um die hübsche Veronika zu bemühen. Es wurde wie gewöhnlich nach der frugalen* Mahlzeit Musik gemacht; der Student Anselmus mußte sich ans Klavier setzen und Veronika ließ ihre helle klare Stimme hören. – Werte Mademoiselle, sagte der Registrator Heerbrand: Sie haben eine Stimme, wie eine Krystallglocke! »Das nun wohl nicht!« fuhr es dem Studenten Anselmus heraus, er wußte selbst nicht wie,

Trugbilder

(lat.) mit Verlaub
verabreicht

bescheidenen, kärglichen

und alle sahen ihn verwundert und betroffen an. »Krystallglocken tönen in Holunderbäumen wunderbar! wunderbar!« fuhr der Student Anselmus halbleise murmelnd fort,
da legte Veronika ihre Hand auf seine Schulter und sagte:
Was sprechen Sie denn da, Herr Anselmus? Gleich wurde 5
der Student wieder ganz munter und fing an zu spielen. Der
Konrektor Paulmann sah ihn finster an, aber der Registrator Heerbrand legte ein Notenblatt auf den Pult und
sang zum Entzücken eine Bravour-Arie vom Kapellmeister
Graun. Der Student Anselmus akkompagnierte* noch 10
manches und ein fugiertes Duett*, das er mit Veronika vor-
trug und das der Konrektor Paulmann selbst komponiert,
setzte alles in die fröhlichste Stimmung. Es war ziemlich
spät worden und der Registrator Heerbrand griff nach Hut
und Stock, da trat der Konrektor Paulmann geheimnisvoll 15
zu ihm hin und sprach: Ei, wollten Sie nicht geehrter Registrator dem guten Hrn. Anselmus selbst – nun! wovon
wir vorhin sprachen – Mit tausend Freuden, erwiderte der
Registrator Heerbrand und fing, nachdem sie sich im Kreise gesetzt, ohne weiteres in folgender Art an: »Es ist hier am 20
Orte ein alter wunderlicher merkwürdiger Mann, man
sagt, er treibe allerlei geheime Wissenschaften, da es nun
aber dergleichen eigentlich nicht gibt, so halte ich ihn eher
für einen forschenden Antiquar*, auch wohl neben her für
einen experimentierenden Chemiker. Ich meine niemen- 25
den anders als unsern geheimen Archivarius* ⌐Lindhorst⌐.
Er lebt wie Sie wissen einsam in seinem entlegenen alten
Hause und wenn ihn der Dienst nicht beschäftigt, findet
man ihn in seiner Bibliothek oder in seinem chemischen
Laboratorio, wo er aber niemanden hinein läßt. Er besitzt 30
außer vielen seltenen Büchern eine Anzahl zum Teil arabi-
scher, koptischer* und gar in sonderbaren Zeichen, die keiner bekannten Sprache angehören, geschriebener Manuskripte. Diese will er auf geschickte Weise kopieren lassen
und es bedarf dazu eines Mannes, der sich darauf versteht 35

begleitete
Zweistim-
miges Lied
nach Art der
Fuge mit inein-
ander
verschlun-
genen
Melodien

Altertumsfor-
scher

Fachmann für
die Aufbewah-
rung alter
Urkunden und
Dokumente

Im 3. Jh.
n. Chr. unter
Verwendung
des griech.
Alphabets
entstandene
Schriftsprache
des christl.
Ägypten

mit der Feder zu zeichnen, um mit der höchsten Genauigkeit und Treue alle Zeichen auf Pergament* und zwar mit Tusche übertragen zu können. Er läßt in einem besondern Zimmer seines Hauses unter seiner Aufsicht arbeiten, bezahlt außer dem freien Tisch während der Arbeit jeden Tag einen Speziestaler* und verspricht noch ein ansehnliches Geschenk wenn die Abschriften glücklich beendet. Die Zeit der Arbeit ist täglich von zwölf bis sechs Uhr. Von drei bis vier Uhr wird geruht und gegessen. Da er schon mit ein Paar jungen Leuten vergeblich den Versuch gemacht hat, jene Manuskripte kopieren zu lassen, so hat er sich endlich an mich gewendet, ihm einen geschickten Zeichner zuzuweisen; da habe ich an Sie gedacht, lieber H. Anselmus, denn ich weiß, daß Sie sowohl sehr sauber schreiben als auch mit der Feder zierlich und rein zeichnen. Wollen Sie daher in dieser schlechten Zeit und bis zu Ihrer etwanigen Anstellung den Speziestaler täglich verdienen und das Geschenk obendrein, so bemühen Sie sich morgen Punkt zwölf Uhr zu dem H. Archivarius, dessen Wohnung Ihnen bekannt sein wird. – Aber hüten Sie sich ja für jedem Dinteflecken; fällt er auf die Abschrift, so müssen Sie ohne Gnade von vorne anfangen, fällt er auf das Original, so ist der Herr Archivarius im Stande, Sie zum Fenster hinauszuwerfen, denn es ist ein zorniger Mann. –« Der Student Anselmus war voll innerer Freude über den Antrag des Registrator Heerbrand, denn nicht allein, daß er sauber schrieb und mit der Feder zeichnete, so war es auch seine wahre Passion mit mühsamen kalligraphischem* Aufwande abzuschreiben; er dankte daher seinen Gönnern in den verbindlichsten Ausdrücken und versprach die morgende Mittagsstunde nicht zu versäumen. In der Nacht sah' der Student Anselmus nichts als blanke Speziestaler und hörte ihren lieblichen Klang. – Wer mag das dem Armen verargen, der um so manche Hoffnung durch ein launisches Mißgeschick betrogen, jeden ⌈Heller⌉ zu Rate halten und

Kostbares Schreibmaterial aus ungegerbten Tierhäuten

Silbertaler

(griech.) die Kunst des Schönschreibens betreffendem

manchem Genuß, den jugendliche Lebenslust forderte, entsagen mußte. Schon am frühen Morgen suchte er seine Bleistifte, seine Rabenfedern, seine chinesisch Tusche zusammen; denn besser, dachte er, kann der Archivarius keine Materialien erfinden. Vor allen Dingen musterte und ordnete er seine kalligraphischen Meisterstücke und seine Zeichnungen, um sie dem Archivarius zum Beweis seiner Fähigkeit das Verlangte zu erfüllen, aufzuweisen. Alles ging glücklich von statten, ein besonderer Glücksstern schien über ihn zu walten, die Halsbinde saß gleich beim ersten Umknüpfen wie sie sollte, keine Naht platzte, keine Masche zerriß in den schwarzseidenen Strümpfen, der Hut fiel nicht noch einmal in den Staub, als er schon sauber abgebürstet. – Kurz! – Punkt halb zwölf Uhr stand der Student Anselmus in seinem hechtgrauen Frack und seinen schwarzatlasnen Unterkleidern, eine Rolle Schönschriften und Federzeichnungen in der Tasche, schon auf der Schloßgasse in ⌈Conradi's Laden⌉ und trank – eins – zwei Gläschen des besten ⌈Magenlikör's⌉, denn hier, dachte er, indem er auf die annoch leere Tasche schlug, werden bald Speziestaler erklingen. Unerachtet des weiten Weges bis in die einsame Straße, in der sich das uralte Haus des Archivarius Lindhorst befand, war der Student Anselmus doch vor zwölf Uhr an der Haustüre. Da stand er und schaute den großen schönen bronzenen ⌈Türklopfer⌉ an, aber als er nun auf den letzten die Luft mit mächtigem Klange durchbebenden Schlag der Turm-Uhr an der Kreuzkirche den Türklopfer ergreifen wollte, da verzog sich das metallne Gesicht im ekelhaften Spiel blauglühender Lichtblicke zum grinsenden Lächeln. Ach! es war ja das Äpfelweib vom schwarzen Tor! Die spitzigen Zähne klappten in dem schlaffen Maule zusammen und in dem Klappern schnarrte es: »du Narre – Narre – Narre – warte warte! warum warst herausgerannt! Narre!« – Entsetzt taumelte der Student Anselmus zurück, er wollte den Türpfosten ergreifen, aber

seine Hand erfaßte die Klingelschnur und zog sie an, da
läutete es stärker und stärker in gellenden Mißtönen und
durch das ganze öde Haus rufte und spottete der Wiederhall: Bald dein Fall ins Krystall – Den Studenten Anselmus
ergriff ein Grausen, das im krampfhaften Fieberfrost durch
alle Glieder bebte. Die Klingelschnur senkte sich hinab und
wurde zur weißen durchsichtigen Riesenschlange, die um-
wand und drückte ihn fester und fester ihr Gewinde schnü-
rend zusammen, daß die mürben zermalmten Glieder
knackend zerbröckelten, und sein Blut aus den Adern
spritzte, eindringend in den durchsichtigen Leib der
Schlange und ihn rot färbend. – Töte mich, töte mich! wollte er schreien in der entsetzlichen Angst, aber sein Geschrei
war nur ein dumpfes Röcheln. – Die Schlange erhob ihr
Haupt und legte die lange spitzige Zunge von glühendem
Erz auf die Brust des Anselmus, da zerriß ein schneidender
Schmerz jähling die Pulsader des Lebens und es vergingen
ihm die Gedanken. – Als er wieder zu sich selbst kam, lag er
auf seinem dürftigen Bettlein, vor ihm stand aber der Konrektor Paulmann und sprach: Was treiben Sie denn um des
Himmels willen für tolles Zeug, lieber Herr Anselmus!

Dritte Vigilie

Nachrichten von der Familie des Archivarius Lindhorst.
Veronika's blaue Augen. – Der Registrator Heerbrand.

⌈Der Geist schaute⌉ auf das Wasser, da bewegte es sich und
brauste in schäumenden Wogen und stürzte sich donnernd
in die Abgründe, die ihre schwarzen Rachen aufsperrten, es
gierig zu verschlingen. Wie triumphierende Sieger hoben
die Granitfelsen ihre zackigt gekrönten Häupter empor,
das Tal schützend, bis es die Sonne in ihren mütterlichen

Schoß nahm und mit ihren Strahlen wie mit glühenden Armen es umfassend pflegte und wärmte. Da erwachten tausend Keime, die unter dem öden Sande geschlummert, aus dem tiefen Schlafe und streckten ihre grüne Blättlein und Halme zum Angesicht der Mutter herauf und wie lächelnde Kinder in grüner Wiege ruhten in den Blüten und Knospen Blümlein, bis auch sie von der Mutter geweckt erwachten und sich schmückten mit den Lichtern, die die Mutter ihnen zur Freude auf tausendfache Weise bunt gefärbt. Aber in der Mitte des Tals war ein schwarzer Hügel, der hob sich auf und nieder wie die Brust des Menschen, wenn glühende Sehnsucht sie schwellt – aus den Abgründen rollten die Dünste empor und sich zusammenballend in gewaltige Massen strebten sie das Angesicht der Mutter feindlich zu verhüllen; die rief aber den Sturm herbei, der fuhr zerstäubend unter sie, und als der reine Strahl wieder den schwarzen Hügel berührte, da brach im Übermaß des Entzückens eine herrliche ⌜Feuerlilie⌝ hervor, die schönen Blätter wie holdselige Lippen öffnend, der Mutter süße Küsse zu empfangen. – Nun schritt ein glänzendes Leuchten in das Tal; es war der Jüngling ⌜Phosphorus⌝, den sah die Feuerlilie und flehte von heißer sehnsüchtiger Liebe befangen: Sei doch mein ewiglich du schöner Jüngling! denn ich liebe dich und muß vergehen, wenn du mich verlässest. Da sprach der Jüngling Phosphorus: ich will dein sein du schöne Blume, aber dann wirst du wie ein entartet Kind, Vater und Mutter verlassen, du wirst deine Gespielen nicht mehr kennen, du wirst größer und mächtiger sein wollen als Alles was sich jetzt als deines Gleichen mit dir freut. Die Sehnsucht die jetzt dein ganzes Wesen wohltätig erwärmt, wird in hundert Strahlen zerspaltet, dich quälen und martern, denn der Sinn wird die Sinne gebären und die höchste Wonne die der Funke entzündet den ich in dich hineinwerfe, ist der hoffnungslose Schmerz, in dem du untergehst um aufs neue fremdartig emporzukeimen. – Dieser Funke ist der Gedanke! – Ach! klagte die Lilie: kann ich denn nicht in der Glut, wie sie jetzt in mir brennt, dein sein? Kann ich dich denn mehr lieben als jetzt, und kann ich dich denn schauen wie jetzt, wenn du mich vernichtest? Da küßte sie der Jüngling Phosphorus und wie vom Lichte durchstrahlt loderte sie auf in Flammen, aus denen ein fremdes Wesen hervorbrach, das schnell dem Tale entfliehend im unendlichen Raum herumschwärmte, sich nicht kümmernd um die Gespielen der Jugend und um den geliebten Jüngling. *Der* klagte um die verlorne Geliebte, denn auch ihn brachte ja nur die unendliche Liebe zu der schönen Lilie in das einsame Tal, und die Granitfelsen neigten ihre Häupter teilnehmend vor dem Jammer des Jünglings, aber einer öffnete seinen Schoß und es kam ein schwarzer geflügelter Drache rauschend herausgeflattert und sprach: meine Brüder die Metalle schlafen da drinnen, aber ich bin stets munter und wach und will dir helfen. Sich auf und nieder schwingend erhaschte endlich der Drache das Wesen das der Lilie entsprossen, trug es auf den Hügel und umschloß es mit seinem Fittig; da war es wieder die Lilie, aber der bleibende Gedanke zerriß ihr Innerstes und die Liebe zu dem Jüngling Phosphorus war ein schneidender Jammer, vor dem, von giftigen Dünsten angehaucht die Blümlein die sonst sich ihres Blicks gefreut, verwelkten und starben. Der Jüngling Phosphorus legte eine glänzende Rüstung an, die in tausendfarbigen Strahlen spielte und kämpfte mit dem Drachen der mit seinem schwarzen Fittig an den Panzer schlug, daß er hell erklang und von dem mächtigen Klange lebten die Blümlein wieder auf und umflatterten wie bunte Vögel den Drachen, dessen Kräfte schwanden und der besiegt sich in der Tiefe der Erde verbarg. Die Lilie war befreit, der Jüngling Phosphorus umschlang sie voll glühenden Verlangens himmlischer Liebe und im hochjubelnden Hymnus* huldigten ihr die Blumen, die Vögel, ja selbst die hohen Granitfelsen als Königin des Tals. – »Erlauben Sie, das ist

*(griech.) Lobgesang

⌐orientalischer Schwulst⌐, werter Hr. Archivarius! sagte der Registrator Heerbrand, und wir baten denn doch, Sie sollten, wie Sie sonst wohl zu tun pflegen, uns etwas aus Ihrem höchstmerkwürdigen Leben, etwa von Ihren Reise-Abenteuern und zwar etwas wahrhaftiges erzählen.« Nun was denn, erwiderte der Archivarius Lindhorst: das was ich so eben erzählt, ist das wahrhaftigste was ich Euch auftischen kann ihr Leute und gehört in gewisser Art auch zu meinem Leben. Denn ich stamme eben aus jenem Tale her und die Feuerlilie die zuletzt als Königin herrschte, ist meine Ur – ur – ur – urgroßmutter, weshalb ich denn auch eigentlich ein Prinz bin. Alle brachen in ein schallendes Gelächter aus. »Ja lacht nur recht herzlich, fuhr der Archivarius Lindhorst fort: Euch mag wohl das, was ich freilich nur in ganz dürftigen Zügen erzählt habe, unsinnig und toll vorkommen, aber es ist dem unerachtet nichts weniger als ungereimt oder auch nur allegorisch gemeint sondern buchstäblich wahr. Hätte ich aber gewußt, daß Euch die herrliche Liebesgeschichte der auch ich meine Entstehung zu verdanken habe, so wenig gefallen würde, so hätte ich lieber manches Neue mitgeteilt, das mir mein Bruder beim gestrigen Besuch mitbrachte.« »Ei, wie das? Haben Sie denn einen Bruder Hr. Archivarius – wo ist er denn – wo lebt er denn? Auch in königlichen Diensten oder vielleicht ein privatisierender Gelehrter?« – so frug man von allen Seiten. – »Nein!« erwiderte der Archivarius ganz kalt und gelassen eine Prise nehmend: »er hat sich auf die schlechte Seite gelegt und ist unter die Drachen gegangen.« – »Wie beliebten Sie doch zu sagen wertester Archivarius«, nahm der Registrator Heerbrand das Wort: »unter die Drachen?« »Unter die Drachen?« hallte es von allen Seiten wie ein Echo nach! – Ja unter die Drachen, fuhr der Archivarius Lindhorst fort: »eigentlich war es Desperation*. Sie wissen, meine Herren, daß mein Vater vor ganz kurzer Zeit starb, es sind nur höchstens dreihundert und fünf und achtzig

Verzweiflung

Jahre her, weshalb ich auch noch Trauer trage, der hatte mir dem Liebling einen prächtigen Onyx* vermacht, den durchaus mein Bruder haben wollte. Wir zankten uns bei der Leiche des Vaters darüber auf eine ungebührliche Wei-
5 se, bis der Selige, der die Geduld verlor, aufsprang und den bösen Bruder die Treppe herunterwarf. Das wurmte meinen Bruder und er ging stehenden Fußes unter die Drachen. Jetzt hält er sich in einem Zypressenwalde dicht bei Tunis auf, dort hat er einen berühmten mystischen Karfunkel* zu
10 bewachen, dem ein Teufelskerl von Nekromant*, der ein Sommerlogis* in Lappland bezogen, nachstellt, weshalb er denn nur auf ein Viertelstündchen wenn gerade der Nekromant im Garten seine Salamanderbeete besorgt, abkommen kann um mir in der Geschwindigkeit zu erzählen,
15 was es gutes Neues an den Quellen des Nils gibt.« – Zum zweitenmale brachen die Anwesenden in ein schallendes Gelächter aus, aber dem Studenten Anselmus wurde ganz unheimlich zu Mute und er konnte dem Archivarius Lindhorst kaum in die starren ernsten Augen sehen, ohne in-
20 nerlich auf eine ihm selbst unbegreifliche Weise zu erbeben. Zumal hatte die rauhe aber sonderbar metallartig tönende Stimme des Archivarius Lindhorst für ihn etwas geheimnisvoll eindringendes, daß er Mark und Bein erzittern fühlte. Der eigentliche Zweck, weshalb ihn der Registrator
25 Heerbrand mit in das Kaffeehaus genommen hatte, schien heute nicht er reichbar zu sein. Nach jenem Vorfall vor dem Hause des Archivarius Lindhorst war nämlich der Student Anselmus nicht dahin zu vermögen gewesen, den Besuch zum zweitenmale zu wagen, denn nach seiner innigsten
30 Überzeugung hatte nur der Zufall ihn, wo nicht vom Tode, doch von der Gefahr wahnwitzig zu werden, befreit. Der Konrektor Paulmann war eben durch die Straße gegangen, als er ganz von Sinnen vor der Haustüre lag und ein altes Weib, die ihren Kuchen- und Äpfelkorb bei Seite gesetzt,
35 um ihn beschäftigt war, der Konrektor Paulmann hatte

(griech.)
Schwarzer
Halbedelstein

Feurigroter
Edelstein

Toten- und
Geisterbe-
schwörer

Sommerwoh-
nung

(franz.) Trag-
stuhl, Sänfte

verfluchte

(franz.)
Vernunft

sogleich eine Portechaise* herbeigerufen und ihn so nach
Hause transportiert. »Man mag von mir denken, was man
will, sagte der Student Anselmus: man mag mich für einen
Narren halten oder nicht – genug! – an dem Türklopfer
grinzte mir das vermaladeite* Gesicht der ⌐Hexe⌐ vom
schwarzen Tore entgegen; was nachher geschah, davon
will ich lieber gar nicht reden, aber wäre ich aus meiner
Ohnmacht erwacht und hätte das verwünschte Äpfelweib
vor mir gesehen (denn niemand anders war doch das alte
um mich beschäftigte Weib), mich hätte augenblicklich der
Schlag gerührt oder ich wäre wahnsinnig geworden.« Alles
Zureden, alle vernünftige Vorstellungen des Konrektor
Paulmann und des Registrator Heerbrand fruchteten gar
nichts und selbst die blauäugigte Veronika vermochte nicht
ihn aus einem gewissen tiefsinnigen Zustande zu reißen, in
den er versunken. Man hielt ihn nun in der Tat für seelen-
krank und sann auf Mittel, ihn zu zerstreuen, worauf der
Registrator Heerbrand meinte, daß nichts dazu dienlicher
sein könne, als die Beschäftigung bei dem Archivarius
Lindhorst, nämlich das Nachmalen der Manuskripte. Es
kam nur darauf an, den Studenten Anselmus auf gute Art
dem Archivarius Lindhorst bekannt zu machen und da der
Registrator Heerbrand wußte, daß dieser beinahe jeden
Abend ein gewisses ⌐bekanntes Kaffeehaus⌐ besuchte, so
lud er den Studenten Anselmus ein, jeden Abend so lange
auf seine des Registrators Kosten in jenem Kaffeehause ein
Glas Bier zu trinken und eine Pfeife zu rauchen, bis er auf
diese oder jene Art dem Archivarius bekannt und mit ihm
über das Geschäft des Abschreibens der Manuskripte einig
worden, welches der Student Anselmus dankbarlichst annahm. »Sie verdienen Gottes Lohn, werter Registrator!
wenn Sie den jungen Menschen zur Raison* bringen«, sagte der Konrektor Paulmann »Gottes Lohn!« wiederholte
Veronika, indem sie die Augen fromm zum Himmel erhub
und lebhaft daran dachte, wie der Student Anselmus schon

jetzt ein recht artiger* junger Mann sei auch ohne Raison! – gut aussehender
Als der Archivarius Lindhorst eben mit Hut und Stock zur
Türe herausschreiten wollte, da ergriff der Registrator
Heerbrand den Studenten Anselmus rasch bei der Hand
und mit ihm dem Archivarius den Weg vertretend, sprach
er: »Geschätztester Hr. geheimer Archivarius, hier ist der
Student Anselmus, der ungemein geschickt im Schön-
schreiben und Zeichnen, Ihre seltenen Manuskripte kopieren will.« Das ist mir ganz ungemein lieb, erwiderte der
Archivarius Lindhorst rasch, warf den dreieckigten solda-
tischen Hut auf den Kopf und eilte den Registrator Heerbrand und den Studenten Anselmus bei Seite schiebend, mit
vielem Geräusch die Treppe herab, so daß beide ganz ver-
blüfft da standen und die Stubentüre anguckten, die er
dicht vor ihnen zugeschlagen, daß die Angeln klirrten.
»Das ist ja ein ganz wunderlicher alter Mann«, sagte der
Registrator Heerbrand! – Wunderlicher alter Mann, stot-
terte der Student Anselmus nach, fühlend wie ein Eisstrom
ihm durch alle Adern fröstelte, daß er beinahe zur starren
Bildsäule worden. Aber alle Gäste lachten und sagten:
»Der Archivarius war heute einmal wieder in seiner besonderen Laune, morgen ist er gewiß wieder sanftmütig und
spricht kein Wort, sondern sieht in die Dampfwirbel seiner
Pfeife oder liest Zeitungen, man muß sich daran gar nicht
kehren.« – Das ist auch wahr, dachte der Student Anselmus: wer wird sich an so etwas kehren, hat der Archivarius
nicht gesagt, es sei ihm ganz ungemein lieb, daß ich seine
Manuskripte kopieren wolle? – und warum vertrat ihm
auch der Registrator Heerbrand den Weg, als er gerade
nach Hause gehen wollte? – Nein, nein, es ist ein lieber
Mann im Grunde genommen, der Hr. geheime Archivarius
Lindhorst und liberal erstaunlich – nur kurios in abson-
derlichen Redensarten. – Allein was schadet das mir? –
Morgen gehe ich hin Punkt zwölf Uhr und setzten sich
hundert bronzierte Äpfelweiber dagegen.

Vierte Vigilie

Melancholie des Studenten Anselmus – Der smaragdene
Spiegel – Wie der Archivarius Lindhorst als Stoßgeier da-
von flog und der Student Anselmus niemandem begegnete.

Wohl darf ich geradezu dich selbst, günstiger Leser! fragen,
ob du in deinem Leben nicht Stunden, ja Tage und Wochen
hattest, in denen dir all dein gewöhnliches Tun und Treiben
ein recht quälendes Mißbehagen erregte und in denen dir
Alles, was dir sonst recht wichtig und wertes in Sinn und
Gedanken zu tragen vorkam, nun läppisch und nichtswür-
dig erschien? Du wußtest dann selbst nicht, was du tun und
wohin du dich wenden solltest; ein dunkles Gefühl, es müsse irgendwo und zu irgend einer Zeit ein hoher, den Kreis
alles irdischen Genusses überschreitender Wunsch erfüllt
werden, den der Geist, wie ein strenggehaltenes furchtsa-
mes Kind gar nicht auszusprechen wage, erhob deine Brust
und in dieser Sehnsucht nach dem unbekannten Etwas, das
dich überall, wo du gingst und standest, wie ein duftiger
Traum mit durchsichtigen vor dem schärferen Blick zer-
fließenden Gestalten, umschwebte, verstummtest du für
Alles, was dich hier umgab. Du schlichst mit trübem Blick
umher wie ein hoffnungslos Liebender, und Alles, was du
die Menschen auf allerlei Weise im bunten Gewühl durcheinander treiben sahst, erregte dir keinen Schmerz und keine Freude, als gehörtest du nicht mehr dieser Welt an. Ist
dir, günstiger Leser, jemals so zu Mute gewesen, so kennst
du selbst aus eigner Erfahrung den Zustand, in dem sich
der Student Anselmus befand. Überhaupt wünschte ich, es
wäre mir schon jetzt gelungen, dir geneigter Leser! den Studenten Anselmus recht lebhaft vor Augen zu bringen, denn
in der Tat, ich habe in den Nachtwachen, die ich dazu ver-
wende seine höchst sonderbare Geschichte aufzuschrei-

ben, noch so viel wunderliches, das wie eine spukhafte Erscheinung das alltägliche Leben ganz gewöhnlicher Menschen ins Blaue hinaus rückte, zu erzählen, daß mir bange ist, du werdest am Ende weder an den Studenten Anselmus, noch an den Archivarius Lindhorst glauben, ja wohl gar einige ungerechte Zweifel gegen den Konrektor Paulmann und den Registrator Heerbrand hegen, unerachtet wenigstens die letzt genannten achtbaren Männer noch jetzt in Dresden umherwandeln. Versuche es, geneigter Leser! in dem feenhaften Reiche voll herrlicher Wunder, die die höchste Wonne so wie das tiefste Entsetzen in gewaltigen Schlägen hervorrufen, ja wo die ernste Göttin ihren Schleier lüftet, daß wir ihr Antlitz zu schauen wähnen – aber ein Lächeln schimmert oft aus dem ernsten Blick und das ist der neckhafte Scherz, der in allerlei verwirrendem Zauber mit uns spielt, so wie die Mutter oft mit ihren liebsten Kindern tändelt – ja! in diesem Reiche, das uns der Geist so oft, wenigstens im Traume aufschließt, versuche es, geneigter Leser! die bekannten Gestalten, wie sie täglich, wie man zu sagen pflegt im gemeinen Leben, um dich herwandeln, wieder zu erkennen. Du wirst dann glauben, daß dir jenes herrliche Reich viel näher liege, als du sonst wohl meintest, welches ich nun eben recht herzlich wünsche, und dir in der seltsamen Geschichte des Studenten Anselmus anzudeuten strebe. – Also wie gesagt, der Student Anselmus geriet seit jenem Abende, als er den Archivarius Lindhorst gesehen, in ein träumerisches Hinbrüten, das ihn für jede äußere Berührung des gewöhnlichen Lebens unempfindlich machte. Er fühlte wie ein unbekanntes Etwas in seinem Innersten sich regte und ihm jenen wonnevollen Schmerz verursachte, der eben die Sehnsucht ist, welche dem Menschen ein anderes höheres Sein verheißt. Am liebsten war es ihm, wenn er allein durch Wiesen und Wälder schweifen und wie losgelöst von Allem, was ihn an sein dürftiges Leben fesselte, nur im Anschauen der Nebelbilder, die aus seinem Innern stiegen, sich gleichsam selbst wiederfinden konnte. So kam es denn, daß er einst von einem weiten Spaziergange heimkehrend bei jenem merkwürdigen Holunderbusch vorüberschritt, unter dem er damals wie von Feerei befangen so viel seltsames sah; er fühlte sich wunderbarlich von dem grünen heimatlichen Rasenfleck angezogen, aber kaum hatte er sich daselbst niedergelassen, als Alles, was er damals wie in einer himmlischen Verzückung geschaut und das wie von einer fremden Gewalt aus seiner Seele verdrängt worden, ihm wieder in den lebhaftesten Farben, als sähe er es zum zweitenmal, vorschwebte. Ja noch deutlicher als damals war es ihm, daß die holdseligen blauen Augen nirgend anders waren als in dem Köpfchen der goldgrünen Schlange, die in der Mitte des Holunderbaums sich emporwand, und daß in den Windungen des schlanken Leibes all' die herrlichen Krystallglockentöne hervorblitzen mußten, die ihn mit Wonne und Entzücken erfüllten. So wie damals am Himmelfahrtstage umfaßte er den Holunderbaum und rief in die Zweige und Blätter hinein: »Ach nur noch einmal schlängle und schlinge und winde dich du holdes grünes Schlänglein in den Zweigen, daß ich dich schauen mag – Nur noch einmal blicke mich an mit deinen holdseligen Augen! Ach ich liebe dich ja und muß in Trauer und Schmerz vergehen, wenn du nicht wiederkehrst!« Alles blieb jedoch stumm und still und wie damals rauschte der Holunderbaum nur ganz unvernehmlich mit seinen Zweigen und Blättern. Aber dem Studenten Anselmus war es, als wisse er nun, was sich in seinem Innern so rege und bewege, ja was seine Brust so im Schmerz einer unendlichen Sehnsucht zerreiße. »Ist es denn etwas anders«, sprach er, »als daß ich dich so ganz mit voller Seele bis zum Tode liebe, du herrliches goldnes Schlänglein, ja daß ich ohne dich nicht zu leben vermag und vergehen muß in hoffnungsloser Not, wenn ich dich nicht wiedersehe, dich nicht habe wie die Geliebte meines Herzens – aber ich weiß es, du wirst mein und dann alles, was herrliche Träume aus einer andern höhern Welt mir verheißen, erfüllt sein.« – Nun ging der Student Anselmus jeden Abend, wenn die Sonne nur noch in die Spitzen der Bäume ihr funkelndes Gold streute, unter den Holunderbaum und rief aus tiefer Brust mit ganz kläglichen Tönen in die Blätter und Zweige hinein nach der holden Geliebten, dem gold-grünen Schlänglein. Als er dieses wieder einmal nach ge-wöhnlicher Weise trieb, stand plötzlich ein langer hagerer Mann in einen weiten lichtgrauen Überrock gehüllt vor ihm und rief, indem er ihn mit seinen großen feurigen Au-gen anblitzte: Hei hei – was klagt und winselt denn da? – Hei hei, das ist ja H. Anselmus, der meine Manuskripte kopieren will. Der Student Anselmus erschrak nicht wenig vor der gewaltigen Stimme, denn es war ja dieselbe, die damals am Himmelfahrtstage gerufen: Hei hei! was ist das für ein Gemunkel und Geflüster etc. Er konnte vor dem sonderbaren Gefühl im Staunen und Schreck kein Wort herausbringen. – Nun was ist Ihnen denn H. Anselmus, fuhr der Archivarius Lindhorst fort (niemand anders war der Mann im weißgrauen Überrock) »was wollen Sie von dem Holunderbaum und warum sind Sie denn nicht zu mir gekommen, um Ihre Arbeit anzufangen?« – Wirklich hatte der Student Anselmus es noch nicht über sich vermocht den Archivarius Lindhorst wieder in seinem Hause aufzusu-chen, unerachtet er sich jenen Abend ganz dazu ermutigt, in diesem Augenblick aber, als er seine schöne Träume und noch dazu durch dieselbe feindselige Stirnme, die schon damals ihm die Geliebte geraubt, zerrissen sah, erfaßte ihn eine Art Verzweiflung und er brach ungestüm los: »Sie mö-gen mich nun für wahnsinnig halten oder nicht H. Archi-varius! das gilt mir ganz gleich, aber hier auf diesem Baum erblickte ich am Himmelfahrtstage die goldgrüne Schlange – ach! die Ewig Geliebte meiner Seele, und sie sprach zu mir in herrlichen Krystalltönen, aber Sie – Sie! Herr Archiva-

rius, schrien und riefen so erschrecklich übers Wasser her«
– Wie das mein Gönner! unterbrach ihn der Archivarius
Lindhorst, indem er ganz sonderbar lächelnd eine Prise
nahm. – Der Student Anselmus fühlte, wie seine Brust sich
erleichterte, als es ihm nur gelungen, von jenem wunderbaren Abenteuer anzufangen, und es war ihm, als sei es
schon ganz recht, daß er den Archivarius geradezu be-
schuldigt: *er* sei es gewesen, der so aus der Ferne gedonnert.
Er nahm sich zusammen sprechend: Nun so will ich denn
Alles erzählen, was mir an dem Himmelfahrtsabende ver-
hängnisvolles begegnet und dann mögen Sie reden und tun
und überhaupt denken über mich was Sie wollen. – Er erzählte nun wirklich die ganze wunderliche Begebenheit
von dem unglücklichen Tritt in den Äpfelkorb an bis zum
Entfliehen der drei goldgrünen Schlangen übers Wasser
und wie ihn nun die Menschen für betrunken oder wahnsinnig gehalten: »Das alles«, schloß der Student Anselmus,
»habe ich wirklich gesehen und tief in der Brust ertönen
noch im hellen Nachklang die lieblichen Stimmen, die zu
mir sprachen; es war keinesweges ein Traum und soll ich
nicht vor Liebe und Sehnsucht sterben, so muß ich an die
goldgrünen Schlangen glauben, unerachtet ich an Ihrem
Lächeln, werter Herr Archivarius, wahrnehme, daß Sie
eben diese Schlangen nur für ein Erzeugnis meiner erhitz-
ten überspannten Einbildungskraft halten.« Mit nichten,
erwiderte der Archivarius in der größten Ruhe und Gelas-
senheit, die goldgrünen Schlangen, die Sie, H. Anselmus, in
dem Holunderbusch gesehen, waren nun eben meine drei
Töchter, und daß Sie sich in die blauen Augen der jüngsten,
⌜Serpentina⌝ genannt, gar sehr verliebet, das ist nun wohl
klar. Ich wußte es übrigens schon am Himmelfahrtstage,
und da mir zu Hause am Arbeitstisch sitzend des Gemun-
kels und Geklingels zu viel wurde, rief ich den losen Dirnen
zu, daß es Zeit sei nach Hause zu eilen, denn die Sonne ging
schon unter und sie hatten sich genug mit Singen und Strah-

lentrinken divertiert*. Dem Studenten Anselmus war es, als
würde ihm nur etwas mit deutlichen Worten gesagt, was er
längst geahndet, und ob er gleich zu bemerken glaubte, daß
sich Holunderbusch, Mauer und Rasenboden und alle Ge-
5 genstände rings umher leise zu drehen anfingen, so raffte er
sich doch zusammen und wollte etwas reden, aber der Archivarius ließ ihn nicht zu Worte kommen, sondern zog
schnell den Handschuh von der linken Hand herunter, und
indem er den in wunderbaren Funken und Flammen blit-
10 zenden Stein eines Ringes dem Studenten vor die Augen
hielt, sprach er: Schauen Sie her, werter H. Anselmus, Sie
können darüber, was Sie erblicken, eine Freude haben. Der
Student Anselmus schaute hin und o Wunder! der Stein
warf wie aus einem brennenden Fokus Strahlen rings her-
15 um, und die Strahlen verspannen sich zum hellen leuchtenden Krystallspiegel, in dem in mancherlei Windungen bald
einander fliehend, bald sich in einander schlingend die drei
goldgrünen Schlänglein tanzten und hüpften, und wenn die
schlanken in tausend Funken blitzenden Leiber sich be-
20 rührten, da erklangen herrliche Akkorde wie Krystallglok-
ken, und die mittelste streckte wie voll Sehnsucht und Verlangen das Köpfchen zum Spiegel heraus und die dunkelblauen Augen sprachen: Kennst du mich denn – glaubst du
denn an mich, Anselmus? – nur in dem Glauben ist die
25 Liebe – kannst du denn lieben? – O Serpentina, Serpentina!
schrie der Student Anselmus in wahnsinnigem Entzücken,
aber der Archivarius Lindhorst hauchte schnell auf den
Spiegel, da fuhren in elektrischem Geknister die Strahlen in
den Fokus zurück und an der Hand blitzte nur wieder ein
30 kleiner Smaragd über den der Archivarius den Handschuh
zog. Haben Sie die goldnen Schlänglein gesehen, H. Anselmus? frug der Archivarius Lindhorst. Ach Gott ja, erwiderte der Student, und die holde liebliche Serpentina. Still,
fuhr der Archivarius Lindhorst fort, genug für heute, übri-
35 gens können Sie ja, wenn Sie sich entschließen wollen bei

mir zu arbeiten, meine Töchter oft genug sehen, oder vielmehr, ich will Ihnen dies wahrhaftige Vergnügen verschaffen, wenn Sie sich bei der Arbeit recht brav halten, das heißt: mit der größten Genauigkeit und Reinheit jedes Zeichen kopieren. Aber Sie kommen ja gar nicht zu mir, unerachtet mir der Registrator Heerbrand versicherte, Sie würden sich nächstens einfinden und ich deshalb mehrere Tage vergebens gewartet. So wie der Archivarius Lindhorst den Namen Heerbrand nannte, war es dem Studenten Anselmus erst wieder als stehe er wirklich mit beiden Füßen auf der Erde und er wäre wirklich der Student Anselmus und der vor ihm stehende Mann der Archivarius Lindhorst. Der gleichgültige Ton, in dem dieser sprach, hatte im grellen Kontrast mit den wunderbaren Erscheinungen, die er wie ein wahrhafter Nekromant hervorrief, etwas grauenhaftes, das durch den stechenden Blick der funkelnden Augen, die aus den knöchernen Höhlen des magern runzlichten Gesichts wie aus einem Gehäuse hervorstrahlten, noch erhöht wurde, und den Studenten ergriff mit Macht dasselbe unheimliche Gefühl, welches sich seiner schon auf dem Kaffeehause bemeisterte, als der Archivarius so viel Abenteuerliches erzählte. Nur mit Mühe faßte er sich, und als der Archivarius nochmals frug: Nun warum sind Sie denn nicht zu mir gekommen? da erhielt er es über sich alles zu erzählen, was ihm an der Haustüre begegnet. Lieber H. Anselmus, sagte der Archivarius, als der Student seine Erzählung geendet, lieber H. Anselmus, ich kenne wohl das Äpfelweib, von der Sie zu sprechen belieben; es ist eine fatale Kreatur, die mir allerhand Possen spielt, und daß sie sich hat bronzieren lassen, um als Türklopfer die mir angenehme Besuche zu verscheuchen, das ist in der Tat sehr arg und nicht zu leiden. Wollten Sie doch, werter H. Anselmus, wenn Sie morgen um zwölf Uhr zu mir kommen und wieder etwas von dem Angrinsen und Anschnarren vermerken, ihr gefälligst was weniges von diesem Liquor*

(lat.) Flüssigkeit

auf die Nase tröpfeln, dann wird sich sogleich alles geben. Und nun Adieu! lieber H. Anselmus, ich gehe etwas rasch, deshalb will ich Ihnen nicht zumuten mit mir nach der Stadt zurückzukehren. – Adieu! auf Wiedersehen morgen um zwölf Uhr. – Der Archivarius hatte dem Studenten Anselmus ein kleines Fläschchen mit einem goldgelben Liquor gegeben, und nun schritt er rasch von dannen, so daß er in der tiefen Dämmerung, die unterdessen eingebrochen, mehr in das Tal hinabzuschweben als zu gehen schien. Schon war er in der Nähe des Koselschen Gartens, da setzte sich der Wind in den weiten Überrock und trieb die Schöße auseinander, daß sie wie ein Paar große Flügel in den Lüften flatterten und es dem Studenten Anselmus, der verwundrungsvoll dem Archivarius nachsah, vorkam, als breite ein großer Vogel die Fittige aus zum raschen Fluge. – Wie der Student nun so in die Dämmerung hineinstarrte, da erhob sich mit krächzendem Geschrei ein weißgrauer Geier hoch in die Lüfte, und er merkte nun wohl, daß das weiße Geflatter, was er noch immer für den davonschreitenden Archivarius gehalten, schon eben der Geier gewesen sein müsse, unerachtet er nicht begreifen konnte, wo denn der Archivarius mit einemmal hingeschwunden. »Er kann aber auch selbst in Person davon geflogen sein der H. Archivarius Lindhorst«, sprach der Student Anselmus zu sich selbst, »denn ich sehe und fühle nun wohl, daß alle die fremden Gestalten aus einer fernen wundervollen Welt, die ich sonst nur in ganz besondern merkwürdigen Träumen schaute, jetzt in mein waches reges Leben geschritten sind und ihr Spiel mit mir treiben. – Dem sei aber wie ihm wolle! – Du lebst und glühst in meiner Brust, holde liebliche Serpentina, nur du kannst die unendliche Sehnsucht stillen, die mein Innerstes zerreißt. – Ach, wann werde ich in dein holdseliges Auge blicken – liebe, liebe Serpentina!« – – So rief der Student Anselmus ganz laut. – »Das ist ein schnöder unchristlicher Name« murmelte eine Baßstimme neben ihm, die einem heimkehrenden Spaziergänger gehörte. Der Student Anselmus zu rechter Zeit erinnert wo er war, eilte raschen Schritts von dannen, indem er bei sich selbst dachte: Wäre es nicht ein rechtes Unglück, wenn mir jetzt der Konrektor Paulmann oder der Registrator Heerbrand begegnete? – Aber er begegnete keinem von beiden.

Fünfte Vigilie

Die Frau Hofrätin Anselmus – ⌈*Cicero de officiis*⌉ *– Meerkatzen und anderes Gesindel – die alte Liese – das Aequinoctium**.

(lat.) Tag- und Nachtgleiche am 23. September

Mit dem Anselmus ist nun einmal in der Welt nichts anzufangen, sagte der Konrektor Paulmann; alle meine gute Lehren, alle meine Ermahnungen sind fruchtlos, er will sich ja zu gar nichts applizieren*, unerachtet er die besten Schulstudia besitzt, die denn doch die Grundlage von Allem sind. Aber der Registrator Heerbrand erwiderte schlau und geheimnisvoll lächelnd: Lassen Sie dem Anselmus doch nur Raum und Zeit, wertester Konrektor! das ist ein kurioses Subjekt, aber es steckt viel in ihm, und wenn ich sage: viel, so heißt das: ein geheimer Sekretär oder wohl gar ein Hofrat. – Hof – fing der Konrektor im größten Erstaunen an, das Wort blieb ihm stecken. – Still, still, fuhr der Registrator Heerbrand fort, ich weiß was ich weiß! – Schon seit zwei Tagen sitzt er bei dem Archivarius Lindhorst und kopiert, und der Archivarius sagte gestern Abend auf dem Kaffeehause zu mir: Sie haben mir einen wackern Mann empfohlen, Verehrter! – aus dem wird was, und nun bedenken Sie des Archivarii Konnexionen* – still – still – sprechen wir uns übers Jahr! Mit diesen Worten ging der Registrator im fortwährenden schlauen Lächeln zur Türe hin-

hier: eignen

(lat.) Beziehungen, Verbindungen

Der goldene Topf

aus und ließ den vor Erstaunen und Neugierde verstumm-
ten Konrektor im Stuhle fest gebannt sitzen. Aber auf Veronika hatte das Gespräch einen ganz eignen Eindruck gemacht. Habe ich's denn nicht schon immer gewußt, dachte
5 sie, daß der Herr Anselmus ein recht gescheuter liebenswürdiger junger Mann ist, aus dem noch was Großes wird?
Wenn ich nur wüßte, ob er mir wirklich gut ist? – Aber hat
er mir nicht jenen Abend, als wir über die Elbe fuhren,
zweimal die Hand gedrückt? hat er mich nicht im Duett
10 angesehen mit solchen ganz sonderbaren Blicken, die bis
ins Herz drangen? Ja ja! er ist mir wirklich gut – und ich –
Veronika überließ sich ganz, wie junge Mädchen wohl
pflegen, den süßen Träumen von einer heitern Zukunft. Sie
war Frau Hofrätin, bewohnte ein schönes Logis in der
15 Schloßgasse* oder auf dem Neumarkt, oder auf der Mo-
ritzstraße – der moderne Hut, der neue türkische Shawl
stand ihr vortrefflich – sie frühstückte im eleganten Negli-
gee im Erker, der Köchin die nötigen Befehle für den Tag
erteilend . »Aber daß Sie mir die Schüssel nicht verdirbt, es
20 ist des Herrn Hofrats Leibessen!« – Vorübergehende Elegants* schielen herauf, sie hört deutlich: »Es ist doch eine
göttliche Frau, die Hofrätin, wie ihr das Spitzenhäubchen
so allerliebst steht!« – Die geheime Rätin Ypsilon schickt
den Bedienten und läßt fragen, ob es der Frau Hofrätin
25 gefällig ware, heute ins Linkesche Bad zu fahren? –»Viel
Empfehlungen, es täte mir unendlich leid, ich sei schon
engagiert zum Tee bei der Präsidentin Tz.« – Da kommt der
Hofrat Anselmus, der schon früh in Geschäften ausgegangen, zurück; er ist nach der letzten Mode gekleidet, »wahr-
30 haftig schon zehn«, ruft er, indem er die goldene Uhr re-
petieren läßt und der jungen Frau einen Kuß gibt: »Wie
gehts, liebes Weibchen, weißt du auch, was ich für dich
habe?« fährt er schäkernd fort und zieht ein Paar herrliche
nach der neuesten Art gefaßte Ohrringe aus der Westen-
35 tasche, die er ihr statt der sonst getragenen gewöhnlichen

Straße mit den
teuersten
Juwelieren
Dresdens

(franz.)
auffällig
modisch
gekleidete
Männer,
Stutzer

einhängt. »Ach die schönen niedlichen Ohrringe«, ruft Veronika ganz laut, und springt, die Arbeit wegwerfend, vom Stuhl auf, um in dem Spiegel die Ohrringe wirklich zu beschauen. »Nun was soll denn das sein, sagte der Konrektor Paulmann, der eben in Cicero de Officiis vertieft, beinahe das Buch fallen lassen, man hat ja Anfälle wie der Anselmus.« Aber da trat der Student Anselmus, der wider seine Gewohnheit sich mehrere Tage nicht sehen lassen, ins Zimmer zu Veronikas Schreck und Erstaunen, denn in der Tat war er in seinem ganzen Wesen verändert. Mit einer gewissen Bestimmtheit, die ihm sonst gar nicht eigen, sprach er von ganz andern Tendenzen seines Lebens wie es ihm jetzt erschiene, von den herrlichen Aussichten, die sich ihm geöffnet, die mancher aber gar nicht zu schauen vermöchte. Der Konrektor Paulmann wurde, der geheimnisvollen Rede des Registrator Heerbrand gedenkend, noch mehr betroffen, und konnte kaum eine Sylbe hervorbringen, als der Student Anselmus, nachdem er einige Worte von dringender Arbeit bei dem Archivarius Lindhorst fallen lassen und der Veronika mit eleganter Gewandtheit die Hand geküßt, schon die Treppe herunter, auf und von dannen war. »Das war ja schon der Hofrat, murmelte Veronika in sich hinein und er hat mir die Hand geküßt, ohne dabei auszugleiten oder mir auf den Fuß zu treten wie sonst! – er hat mir einen recht zärtlichen Blick zugeworfen – er ist mir wohl in der Tat gut.« – Veronika überließ sich aufs neue jener Träumerei, indessen war es, als träte immer eine feindselige Gestalt unter die lieblichen Erscheinungen, wie sie aus dem künftigen häuslichen Leben als Frau Hofrätin hervorgingen und die Gestalt lachte recht höhnisch und sprach: »Das ist ja alles recht dummes ordinäres Zeug und noch dazu erlogen, denn der Anselmus wird nimmermehr Hofrat und dein Mann; er liebt dich ja nicht, unerachtet du blaue Augen hast und einen schlanken Wuchs und eine feine Hand.« – Da goß sich ein Eisstrom

durch Veronika's Innres und ein tiefes Entsetzen vernichtete die Behaglichkeit, mit der sie sich nur noch erst im
Spitzenhäubchen und den eleganten Ohrringen gesehen. –
Die Tränen wären ihr beinahe aus den Augen gestürzt und
sie sprach laut: Ach es ist ja wahr, er liebt mich nicht und
ich werde nimmermehr Frau Hofrätin! »Romanenstreiche,
Romanenstreiche«, schrie der Konrektor Paulmann, nahm
Hut und Stock und eilte zornig von dannen! – Das fehlte
noch, seufzte Veronika, und ärgerte sich recht über die
zwölfjährige Schwester, welche teilnehmungslos an ihrem
Rahmen sitzend fortgestickt hatte. Unterdessen war es
beinahe drei Uhr geworden und nun gerade Zeit das Zimmer aufzuräumen und den Kaffeetisch zu ordnen; denn die
Mademoisell Osters hatten sich bei der Freundin ansagen
lassen. Aber hinter jedem Schränkchen, das Veronika wegrückte, hinter den Notenbüchern, die sie vom Klavier, hinter jeder Tasse, hinter der Kaffeekanne, die sie aus dem
Schrank nahm, sprang jene Gestalt wie ein ⌜Alräunchen⌝
hervor und lachte höhnisch und schlug mit den kleinen
Spinnenfingern Schnippchen und schrie: er wird doch nicht
dein Mann, er wird doch nicht dein Mann! Und dann,
wenn sie alles stehn und liegen ließ und in die Mitte des
Zimmers flüchtete, sah es mit langer Nase riesengroß hinter dem Ofen hervor und knurrte und schnurrte: er wird
doch nicht dein Mann! »Hörst du denn nichts, siehst du
denn nichts, Schwester?« rief Veronika, die vor Furcht und
Zittern gar nichts mehr anrühren mochte. Fränzchen stand
ganz ernsthaft und ruhig von ihrem Stickrahmen auf und
sagte: Was ist dir denn heute Schwester? du wirfst ja alles
durch einander, daß es klippert und klappert, ich muß dir
nur helfen. Aber da traten schon die muntern Mädchen in
vollem Lachen herein und in dem Augenblick wurde nun
auch Veronika gewahr, daß sie den Ofenaufsatz für eine
Gestalt und das Knarren der übel verschlossenen Ofentüre
für die feindseligen Worte gehalten hatte. Von einem in

nern Entsetzen gewaltsam ergriffen, konnte sie sich aber nicht so schnell erholen, daß die Freundinnen nicht ihre ungewöhnliche Spannung, die selbst ihre Blässe, ihr verstörtes Gesicht verriet, hätten bemerken sollen. Als sie schnell abbrechend von all dem Lustigen, das sie eben erzählen wollten, in die Freundin drangen, was ihr denn nun um Himmelswillen widerfahren, mußte Veronika eingestehen, wie sie sich ganz besonderen Gedanken hingegeben und plötzlich am hellen Tage von einer sonderbaren Gespensterfurcht, die ihr sonst gar nicht eigen, übermannt worden. Nun erzählte sie so lebhaft, wie aus allen Winkeln des Zimmers ein kleines graues Männchen sie geneckt und gehöhnt habe, daß die Mad. Osters sich schüchtern nach allen Seiten umsahen, und ihnen bald gar unheimlich und grausig zu Mute wurde. Da trat Fränzchen mit dem dampfenden Kaffee herein, und alle drei sich schnell besinnend lachten über ihre eigne Albernheit. Angelike, so hieß die älteste Oster, war mit einem Offizier versprochen, der bei der Armee stand und von dem die Nachrichten so lange ausgeblieben, daß man an seinem ⌈Tode⌉ oder wenigstens an seiner schweren Verwundung kaum zweifeln konnte. Dies hatte Angelike in die tiefste Betrübnis gestürzt, aber heute war sie fröhlich bis zur Ausgelassenheit, worüber Veronika sich nicht wenig wunderte und es ihr unverhohlen äußerte. »Liebes Mädchen«, sagte Angelike, »glaubst du denn nicht, daß ich meinen Viktor immerdar im Herzen, in Sinn und Gedanken trage, aber eben deshalb bin ich so heiter! – ach – Gott – so glücklich, so selig in meinem ganzen Gemüte! denn mein Viktor ist wohl und ich sehe ihn in weniger Zeit als Rittmeister geschmückt mit den Ehrenzeichen, die ihm seine unbegrenzte Tapferkeit erwarben, wieder. Eine starke, aber durchaus nicht gefährliche Verwundung des rechten Arms, und zwar durch den Säbelhieb eines feindlichen Husaren, verhindert ihn zu schreiben, und der schnelle Wechsel seines Aufenthalts, da er durchaus sein Regiment nicht verlassen will, macht es auch noch immer unmöglich mir Nachricht zu geben, aber heute Abend erhält er die bestimmte Weisung, sich erst ganz heilen zu lassen. Er reiset morgen ab um herzukommen, und indem er in den Wagen steigen will, erfährt er seine Ernennung zum Rittmeister.« – »Aber, liebe Angelike, fiel Veronika ein, das weißt du jetzt schon Alles?« – »Lache mich nicht aus, liebe Freundin, fuhr Angelike fort, aber du wirst es nicht, denn könnte nicht dir zur Strafe gleich das kleine graue Männchen dort hinter dem Spiegel hervorgucken? – Genug, ich kann mich von dem Glauben an gewisse geheimnisvolle Dinge nicht losmachen, weil sie oft genug ganz sichtbarlich und handgreiflich, möcht' ich sagen, in mein Leben getreten. Vorzüglich kommt es mir denn nun gar nicht einmal so wunderbar und unglaublich vor als manchen andern, daß es Leute geben kann, denen eine gewisse Sehergabe eigen, die sie durch ihnen bekannte untrügliche Mittel in Bewegung zu setzen wissen. Es ist hier am Orte eine alte Frau, die diese Gabe ganz besonders besitzt. Nicht so wie andere ihres Gelichters prophezeit sie aus Karten, gegossenem Blei oder aus dem Kaffeesatze, sondern nach gewissen Vorbereitungen, an denen die fragende Person Teil nimmt, erscheint in einem hellpolierten Metallspiegel ein wunderliches Gemisch von allerlei Figuren und Gestalten, welche die Alte deutet und aus ihnen die Antwort auf die Frage schöpft. Ich war gestern Abend bei ihr und erhielt jene Nachrichten von meinem Viktor, an deren Wahrheit ich nicht einen Augenblick zweifle.« – Angelikes Erzählung warf einen Funken in Veronikas Gemüt, der schnell den Gedanken entzündete, die Alte über den Anselmus und über ihre Hoffnungen zu befragen. Sie erfuhr, daß die alte Frau Rauerin hieße, in einer entlegenen Straße vor dem ⌐Seetor⌐ wohne, durchaus nur Dienstags, Mittwochs und Freitags von sieben Uhr Abends, dann aber die ganze Nacht hindurch bis zum Sonnen-Aufgang zu treffen sei und es gern sähe, wenn man allein komme. – Es war eben Mittwoch und Veronika beschloß, unter dem Vorwande die Osters nach Hause zu begleiten, die Alte aufzusuchen, welches sie denn auch in der Tat ausführte. Kaum hatte sie nehmlich von den Freundinnen, die in der Neustadt wohnten, vor der Elbbrücke Abschied genommen, als sie geflügelten Schrittes vor das Seetor eilte und sich bald in der beschriebenen abgelegenen engen Straße befand, an deren Ende sie das kleine rote Häuschen erblickte, in welchem die Frau Rauerin wohnen sollte. Sie konnte sich eines gewissen unheimlichen Gefühls, ja eines innern Erbebens nicht erwehren, als sie vor der Haustüre stand. Endlich raffte sie sich, des innern Widerstrebens unerachtet, zusammen und zog an der Klingel, worauf sich die Türe öffnete und sie durch den finstern Gang nach der Treppe tappte, die zum obern Stock führte, wie es Angelike beschrieben. Wohnt hier nicht die Frau Rauerin, rief sie in den öden Hausflur hinein, als sich niemand zeigte; da erscholl statt der Antwort ein langes klares Miau und ein großer schwarzer Kater schritt mit hochgekrümmtem Rücken, den Schweif in Wellenringeln hin und her drehend, gravitätisch vor ihr her bis an die Stubentüre, die auf ein zweites Miau geöffnet wurde. »Ach sieh da Töchterchen, bist schon hier? komm hinein – hinein!« So rief die heraustretende Gestalt, deren Anblick Veronika an den Boden festbannte. Ein langes hagres in schwarze Lumpen gehülltes Weib! – indem sie sprach, wackelte das hervorragende spitze Kinn, verzog sich das zahnlose Maul von der knöchernen Habichtsnase beschattet zum grinsenden Lächeln und leuchtende Katzenaugen flackerten Funkenwerfend durch die große Brille. Aus dem bunten um den Kopf gewickelten Tuche starrten schwarze borstige Haare hervor, aber zum Gräßlichen erhoben das ekle Antlitz zwei große Brandflecke, die sich von der linken Backe über die Nase wegzogen. – Veronika's Atem stockte, und der Schrei, der der gepreßten Brust

Luft machen sollte, wurde zum tiefen Seufzer, als der Hexe Knochenhand sie ergriff und in das Zimmer hineinzog. Drinnen regte und bewegte sich Alles, es war ein Sinneverwirrendes Quieken und Miauen und Gekrächze und Gepiepe durch einander. Die Alte schlug mit der Faust auf den Tisch und schrie: Still da ihr Gesindel! Und die Meerkatzen kletterten winselnd auf das hohe Himmelbett und die Meerschweinchen liefen unter den Ofen und der Rabe flatterte auf den runden Spiegel; nur der schwarze Kater, als gingen ihn die Scheltworte nichts an, blieb ruhig auf dem großen Polsterstuhle sitzen, auf den er gleich nach dem Eintritt gesprungen. – So wie es still wurde, ermutigte sich Veronika; es war ihr nicht so unheimlich als draußen auf dem Flur, ja selbst das Weib schien ihr nicht mehr so scheußlich. jetzt erst blickte sie im Zimmer umher! – Allerhand häßliche ausgestopfte Tiere hingen von der Decke herab, unbekanntes seltsames Geräte lag durch einander auf dem Boden und in dem Kamin brannte ein blaues sparsames Feuer, das nur dann und wann in gelben Funken emporknisterte; aber dann rauschte es von oben herab und ekelhafte Fledermäuse wie mit verzerrten lachenden Menschengesichtern schwangen sich hin und her und zuweilen leckte die Flamme herauf an der rußigen Mauer, da erklang es wie in schneidendem heulenden Jammer, daß Veronika von Angst und Grausen ergriffen wurde. »Mit Verlaub, Mamsellchen«, sagte die Alte schmunzelnd, erfaßte einen großen Wedel und besprengte, nachdem sie ihn in einen kupfernen Kessel getaucht, den Kamin. Da erlosch das Feuer und wie von dickem Rauch erfüllt wurde es stockfinster in der Stube; aber bald trat die Alte, die in ein Kämmerchen gegangen, mit einem angezündeten Lichte wieder herein und Veronika erblickte nichts mehr von den Tieren, von den Gerätschaften, es war eine gewöhnliche ärmlich ausstaffierte Stube. Die Alte trat ihr näher und sagte mit schnarrender Stimme: »Ich weiß wohl, was du bei mir willst, mein Töchterchen, was gilt es, du möchtest erfahren, ob du den Anselmus heiraten wirst, wenn er Hofrat worden.« – Veronika erstarrte vor Staunen und Schreck, aber die Alte fuhr fort: »Du hast mir ja schon Alles gesagt zu Hause beim Papa, als die Kaffeekanne vor dir stand, *ich* war ja die Kaffeekanne, hast du mich denn nicht gekannt? Töchterchen, höre! Laß ab, laß ab von dem Anselmus, das ist ein garstiger Mensch, der hat meinen Söhnlein ins Gesicht getreten, meinen lieben Söhnlein, den Äpfelchen mit den roten Backen, die, wenn sie die Leute gekauft haben, Ihnen wieder aus den Taschen in meinen Korb zurückrollen. Er hälts mit dem Alten, er hat mir vorgestern den verdammten ⌈Auripigment⌉ ins Gesicht gegossen, daß ich beinahe darüber erblindet, du kannst noch die Brandflekken sehen, Töchterchen! Laß ab von ihm, laß ab! – er liebt dich nicht, denn er liebt die goldgrüne Schlange, er wird niemals Hofrat werden, weil er sich bei den Salamandern anstellen lassen und er will die grüne Schlange heiraten, laß ab von ihm, laß ab!« – Veronika, die eigentlich ein festes standhaftes Gemüt hatte und mädchenhaften Schreck bald zu überwinden wußte, trat einen Schritt zurück und sprach mit ernsthaftem gefaßten Ton: Alte! ich habe von Eurer Gabe in die Zukunft zu blicken gehört und wollte darum vielleicht zu neugierig und voreilig von Euch wissen, ob wohl Anselmus, den ich liebe und hochschätze, jemals mein werden würde. Wollt Ihr mich daher, statt meinen Wunsch zu erfüllen, mit Eurem tollen unsinnigen Geschwätze necken, so tut Ihr Unrecht, denn ich habe nur gewollt, was Ihr Andern, wie ich weiß, gewährtet. Da Ihr, wie es scheint, meine innigsten Gedanken wisset, so wäre es Euch vielleicht ein leichtes gewesen, mir manches zu enthüllen, was mich jetzt quält und ängstigt, aber nach Euern albernen Verleumdungen des guten Anselmus mag ich von Euch weiter nichts erfahren. Gute Nacht! – Veronika wollte davon eilen, da fiel die Alte weinend und jammernd auf die Knie nieder und rief das Mädchen am Kleide festhaltend: Veronikchen, kennst du denn die alte Liese nicht mehr, die dich so oft auf den Armen getragen und gepflegt und gehätschelt? Veronika traute kaum ihren Augen; denn sie erkannte ihre, freilich nur durch hohes Alter und vorzüglich durch die Brandflecke entstellte ehemalige Wärterin, die vor mehreren Jahren aus des Konrektor Paulmanns Hause verschwand. Die Alte sah auch nun ganz anders aus, sie hatte statt des häßlichen buntgefleckten Tuchs eine ehrbare Haube und statt der schwarzen Lumpen eine großblumigte Jacke an, wie sie sonst wohl gekleidet gegangen. Sie stand vom Boden auf und fuhr Veronika in ihre Arme nehmend fort: Es mag dir Alles, was ich dir gesagt, wohl recht toll vorkommen, aber es ist leider dem so. Der Anselmus hat mir viel zu Leide getan, doch wider seinen Willen; er ist dem Archivarius Lindhorst in die Hände gefallen und der will ihn mit seiner Tochter verheiraten. Der Archivarius ist mein größter Feind und ich könnte dir allerlei Dinge von ihm sagen, die würdest du aber nicht verstehen oder dich doch sehr entsetzen. Er will der weise Mann sein, aber ich bin die weise Frau – es mag darum sein! – Ich merke nun wohl, daß du den Anselmus recht lieb hast und ich will dir mit allen Kräften beistehen, daß du recht glücklich werden und fein ins Ehebette kommen sollst, wie du es wünschest. »Aber sage Sie mir um des Himmels Willen Liese!« – fiel Veronika ein – Still, Kind – still! unterbrach sie die Alte, ich weiß was du sagen willst, ich bin das worden, was ich bin, weil ich es werden mußte, ich konnte nicht anders. Nun also! – ich kenne das Mittel, das den Anselmus von der törichten Liebe zur grünen Schlange heilt und ihn als den liebenswürdigsten Hofrat in deine Arme führt; aber du mußt helfen. – Sage es nur gerade heraus Liese! ich will ja Alles tun, denn ich liebe den Anselmus sehr! lispelte Veronika kaum hörbar. – Ich kenne dich, fuhr die Alte fort, als ein beherztes Kind, vergebens habe ich dich mit dem

Wauwau zum Schlaf treiben wollen, denn gerade alsdann öffnetest du die Augen, um den Wauwau zu sehen; du gingst ohne Licht in die hinterste Stube und erschrecktest oft in des Vaters Pudermantel* des Nachbars Kinder. Nun also! – ist's dir Ernst durch meine Kunst den Archivarius Lindhorst und die grüne Schlange zu überwinden, ist's dir Ernst den Anselmus als Hofrat deinen Mann zu nennen, so schleiche dich in der künftigen Tag- und Nachtgleiche Nachts um eilf Uhr aus des Vaters Hause und komme zu mir; ich werde dann mit dir auf den Kreuzweg gehen, der unfern das Feld durchschneidet, wir bereiten das Nötige und alles Wunderliche, was du vielleicht erblicken wirst, soll dich nicht anfechten. Und nun Töchterchen gute Nacht, der Papa wartet schon mit der Suppe. – Veronika eilte von dannen, fest stand bei ihr der Entschluß, die Nacht des Aequinoktiums nicht zu versäumen, denn, dachte sie, die Liese hat Recht, der Anselmus ist verstrickt in wunderliche Bande, aber ich erlöse ihn daraus und nenne ihn mein immerdar und ewiglich, mein ist und bleibt er, der Hofrat Anselmus.

Sechste Vigilie

Der Garten des Archivarius Lindhorst nebst einigen Spottvögeln – der goldene Topf – die englische Kursivschrift – schnöde Hahnenfüße – der Geisterfürst.*

Es kann aber auch sein sprach der Student Anselmus zu sich selbst, daß der superfeine starke Magenliqueur, den ich bei dem Monsieur Conradi etwas begierig genossen, alle die tollen Phantasmata geschaffen, die mich vor der Haustüre des Archivarius Lindhorst ängsteten. Deshalb bleibe ich heute ganz nüchtern und will nun wohl allem

Ein beim Pudern der Perücke getragener Überwurf

Pädagogische Standardschrift der Zeit

weitern Ungemach, das mir begegnen könnte, Trotz bieten.
– So wie damals, als er sich zum ersten Besuch bei dem
Archivarius Lindhorst rüstete, steckte er seine Federzeichnungen und kalligraphischen Kunstwerke, seine Tusch-
stangen, seine wohlgespitzten Rabenfedern ein, und schon
wollte er zur Türe hinaus schreiten, als ihm das Fläschchen
mit dem gelben Liquor in die Augen fiel, das er von dem
Archivarius Lindhorst erhalten. Da gingen ihm wieder all'
die seltsamen Abenteuer, welche er erlebt, mit glühenden
Farben durch den Sinn, und ein namenloses Gefühl von
Wonne und Schmerz durchschnitt seine Brust. Unwillkürlich rief er mit recht kläglicher Stimme aus: »Ach gehe ich
denn nicht zum Archivarius nur um dich zu sehen, du holde
liebliche Serpentina?« – Es war ihm in dem Augenblick so,
als könne Serpentina's Liebe der Preis einer mühevollen
gefährlichen Arbeit sein, die er unternehmen müßte, und
diese Arbeit sei keine andere als das Kopieren der Lind-
horstischen Manuskripte. – Daß ihm schon bei dem Eintritt ins Haus oder vielmehr noch vor demselben allerlei
wunderliches begegnen könne wie neulich, davon war er
überzeugt. Er dachte nicht mehr an Conradis Magenwas-
ser, sondern steckte schnell den Liquor in die Westentasche, um ganz nach des Archivarius Vorschrift zu verfah-
ren, wenn das bronzierte Äpfelweib sich unterstehen sollte,
ihn anzugrinsen. – Erhob sich denn nicht auch wirklich
gleich die spitze Nase, funkelten nicht die Katzenaugen aus
dem Türdrücker, als er ihn auf den Schlag zwölf Uhr ergreifen wollte? – Da spritzte er ohne sich weiter zu bedenken den Liquor in das fatale Gesicht hinein und es glättete
und plättete sich augenblicklich aus zum glänzenden ku-
gelrunden Türklopfer. Die Türe ging auf, die Glocken läu-
teten gar lieblich durch das ganze Haus; klingling – Jüngling – flink – flink – spring – spring – klingling. – Er stieg
getrost die schöne breite Treppe herauf und weidete sich an
dem Duft des seltenen Räucherwerks, der durch das Haus

floß. Ungewiß blieb er auf dem Flur stehen, denn er wußte nicht, an welche der vielen schönen Türen er wohl pochen soll da trat der Archivarius Lindhorst in einem weiten damastnen* Schlafrock heraus und rief: Nun es freut mich H. Anselmus, daß Sie endlich Wort halten, kommen Sie mir nur nach, denn ich muß Sie ja doch wohl gleich ins Laboratorium führen. Damit schritt er schnell den langen Flur hinauf und öffnete eine kleine Seitentüre, die in einen Korridor führte. Anselmus schritt getrost hinter dem Archivarius her, sie kamen aus dem Korridor in einen Saal oder vielmehr in ein herrliches Gewächshaus, denn von beiden Seiten bis an die Decke herauf standen allerlei seltene wunderbare Blumen, ja große Bäume mit sonderbar gestalteten Blättern und Blüten. Ein magisches blendendes Licht verbreitete sich überall, ohne daß man bemerken konnte wo es herkam, da durchaus kein Fenster zu sehen war. So wie der Student Anselmus in die Büsche und Bäume hinein blickte, schienen lange Gänge sich in weiter Ferne auszudehnen – aus dem tiefen Dunkel dicker Zypressenstauden blickten Marmorbecken hervor, aus denen sich wunderliche Figuren erhoben, Krystallenstrahlen hervorspritzend, die plätschernd niederfielen in schimmernde Lilienkelche; seltsame Stimmen rauschten und säuselten durch den Wald der wunderbaren Gewächse und herrliche Düfte strömten auf und nieder. Der Archivarius war verschwunden und Anselmus erblickte nur einen riesenhaften Busch glühender Feuerlilien vor sich. Von dem Anblick, von den süßen Düften des ⌈Feengartens⌉ berauscht, blieb Anselmus festgezaubert stehen. Da fing es überall an zu kickern und zu lachen und feine Stimmchen neckten und höhnten: Hr. Studiosus, Hr. Studiosus! wo kommen Sie denn her? warum haben Sie sich denn so schön geputzt, Hr. Anselmus? – wollen Sie eins mit uns plappern, wie die Großmutter das Ei mit dem Steiß zerdrückte und der Junker einen Klecks auf die Sonntagsweste bekam? können Sie die neue Arie schon auswendig, die Sie vom Papa Starmatz* gelernt, Herr Anselmus? – Sie sehen recht possierlich aus in der gläsernen Perücke* und den postpapiernen Stülpstiefeln! – So rief und kikkerte und neckte es aus allen Winkeln hervor – ja dicht neben dem Studenten, der nun erst wahrnahm, wie allerlei bunte Vögel ihn umflatterten und ihn so in vollem Gelächter aushöhnten. – In dem Augenblick schritt der Feuerlilienbusch auf ihn zu und er sah, daß es der Archivarius Lindhorst war, dessen blumiger in Gelb und Rot glänzender Schlafrock ihn nur getäuscht hatte. »Verzeihen Sie, werter Herr Anselmus«, sagte der Archivarius, »daß ich Sie stehen ließ, aber vorübergehend sah ich nur nach meinem schönen Cactus, der diese Nacht seine Blüten aufschließen wird – aber wie gefällt Ihnen denn mein kleiner Hausgarten?« »Ach Gott über alle Maßen schön ist es hier, geschätztester Herr Archivarius«, erwiderte der Student, »aber die bunten Vögel mokieren* sich über meine Wenigkeit gar sehr!« »Was ist denn das für ein Gewäsche?« rief der Archivarius zornig in die Büsche hinein; da flatterte ein großer grauer Papagei hervor und sich neben dem Archivarius auf einen Myrtenast setzend und ihn ungemein ernsthaft und gravitätisch durch eine Brille, die auf dem krummen Schnabel saß, anblickend, schnarrte er: Nehmen Sie es nicht übel, H. Archivarius, meine mutwilligen Buben sind einmal wieder recht ausgelassen, aber der H. Studiosus sind selbst daran Schuld, denn – Still da, still da! unterbrach der Archivarius den Alten, ich kenne die Schelme, aber Er sollte sie besser in Zucht halten, mein Freund! – gehen wir weiter, H. Anselmus! – Noch durch manches fremdartig aufgeputzte Gemach schritt der Archivarius, so daß der Student ihm kaum folgen und einen Blick auf all' die glänzenden sonderbar geformten Mobilien und andere unbekannte Sachen werfen konnte, womit Alles überfüllt war. ⌈Endlich traten sie in ein großes Gemach⌉, in dem der Archivarius den Blick in die Höhe gerichtet stehen blieb und Anselmus Zeit gewann, sich an dem herrlichen Anblick, den der einfache Schmuck dieses Saals gewährte, zu weiden: aus den azurblauen Wänden traten die gold bronzenen Stämme hoher ⌈Palmbäume⌉ hervor, welche ihre kolossalen wie funkelnde Smaragden glänzenden Blätter oben zur Decke wölbten: in der Mitte des Zimmers ruhte auf drei aus dunkler Bronze gegossenen ägyptischen Löwen eine Porphyrplatte* auf welcher ein einfacher goldner Topf stand, von dem, als er ihn erblickte, Anselmus nun gar nicht mehr die Augen wegwenden konnte. Es war als spielten in tausend schimmernden Reflexen allerlei Gestalten auf dem strahlend polierten Golde – manchmal sah er sich selbst mit sehnsüchtig ausgebreiteten Armen – ach! neben dem Holunderbusch – Serpentina schlängelte sich auf und nieder ihn anblickend mit den holdseligen Augen. Anselmus war außer sich vor wahnsinnigem Entzücken. »Serpentina! – Serpentina!« schrie er laut auf, da wandte sich der Archivarius Lindhorst schnell um und sprach: »Was meinen Sie, werter H. Anselmus? – ich glaube Sie belieben meine Tochter zu rufen, die ist aber ganz auf der andern Seite meines Hauses in ihrem Zimmer und hat so eben Klavierstunde, kommen Sie nur weiter.« Anselmus folgte beinahe besinnungslos dem davon schreitenden Archivarius, er sah und hörte nichts mehr, bis ihn der Archivarius heftig bei der Hand ergriff und sprach: Nun sind wir an Ort und Stelle! Anselmus erwachte wie aus einem Traum und bemerkte nun, daß er sich in einem hohen rings mit Bücherschränken umstellten Zimmer befand, welches sich in keiner Art von gewöhnlichen Bibliothek- und Studierzimmern unterschied. In der Mitte stand ein großer Arbeitstisch und ein gepolsterter Lehnstuhl vor demselben. »Dieses«, sagte der Archivarius Lindhorst, »ist vor der Hand Ihr Arbeitszimmer, ob Sie künftig auch in dem andern blauen Bibliotheksaal, in dem Sie so plötzlich meiner Tochter Namen riefen, arbeiten werden, weiß ich noch nicht; – aber nun wünschte ich mich

Platte aus purpurfarbenem, kostbarem Vulkangestein

erst von Ihrer Fähigkeit, die Ihnen zugedachte Arbeit wirklich meinem Wunsch und Bedürfnis gemäß auszuführen, zu überzeugen.« Der Student Anselmus ermutigte sich nun ganz und gar und zog nicht ohne innere Selbstzufriedenheit und in der Überzeugung, den Archivarius durch sein ungewöhnliches Talent höchlich zu erfreuen, seine Zeichnungen und Schreibereien aus der Tasche. Der Archivarius hatte kaum das erste Blatt, eine Handschrift in der elegantesten englischen Schreibmanier, erblickt, als er recht sonderbar lächelte und mit dem Kopfe schüttelte. Das wiederholte er bei jedem folgenden Blatte, so daß dem Studenten Anselmus das Blut in den Kopf stieg, und er, als das Lächeln zuletzt recht höhnisch und verächtlich wurde, in vollem Unmute losbrach: »Der H. Archivarius scheinen mit meinen geringen Talenten nicht ganz zufrieden?« – »Lieber H. Anselmus, sagte der Archivarius Lindhorst, Sie haben für die Kunst des Schönschreibens wirklich treffliche Anlagen, aber vor der Hand, sehe ich wohl, muß ich mehr auf Ihren Fleiß, auf Ihren guten Willen rechnen als auf Ihre Fertigkeit. Es mag auch wohl an den schlechten Materialien liegen, die Sie verwandt.« – Der Student Anselmus sprach viel von seiner sonst anerkannten Kunstfertigkeit, von chinesischer Tusche und exquisiten Rabenfedern. Da reichte ihm der Archivarius Lindhorst das englische Blatt hin und sprach: Urteilen Sie selbst! – Anselmus wurde wie vom Blitz getroffen, als ihm seine Handschrift so höchst miserabel vorkam. Da war keine Ründe in den Zügen, kein Druck richtig, kein Verhältnis der großen und kleinen Buchstaben, ja! schülermäßige schnöde Hahnenfüße verdarben oft die sonst ziemlich geratene Zelle. Und dann, fuhr der Archivarius Lindhorst fort, ist Ihre Tusche auch nicht haltbar. Er tunkte den Finger in ein mit Wasser gefülltes Glas, und indem er nur leicht auf die Buchstaben tupfte, war alles ohne Spur verschwunden. Dem Studenten Anselmus war es, als schnüre ihm ein Ungetüm die Kehle zusammen – er konnte kein Wort herausbringen. So stand er da, das unglückliche Blatt in der Hand, aber der Archivarius Lindhorst lachte laut auf und sagte: Lassen Sie sich das nicht anfechten, wertester H. Anselmus; was Sie bisher nicht vollbringen konnten, wird hier bei mir sich vielleicht besser fügen; ohnedies finden Sie bei mir ein besseres Material, als Ihnen sonst wohl zu Gebote stand! – Fangen Sie nur getrost an! – Der Archivarius Lindhorst holte erst eine flüssige schwarze Masse, die einen ganz eigentümlichen Geruch verbreitete, sonderbar gefärbte scharf zugespitzte Federn und ein Blatt von besonderer Weiße und Glätte, dann aber ein arabisches Manuskript aus einem verschlossenen Schranke herbei, und so wie Anselmus sich zur Arbeit gesetzt, verließ er das Zimmer. Der Student Anselmus hatte schon öfters arabische Schrift kopiert, die erste Aufgabe schien ihm daher nicht so schwer zu lösen. »Wie die Hahnenfüße in meine schöne englische Kursivschrift gekommen, mag Gott und der Archivarius Lindhorst wissen«, sprach er, »aber daß sie nicht von *meiner* Hand sind, darauf will ich sterben.« – Mit jedem Worte, das nun wohlgelungen auf dem Pergamente stand, wuchs sein Mut und mit ihm seine Geschicklichkeit. In der Tat schrieb es sich mit den Federn auch ganz herrlich und die geheimnisvolle Tinte floß rabenschwarz und gefügig auf das blendend weiße Pergament. Als er nun so emsig und mit angestrengter Aufmerksamkeit arbeitete, wurde es ihm immer heimlicher* in dem einsamen Zimmer, und er hatte sich schon ganz in das Geschäft, welches er glücklich zu vollenden hoffte, geschickt, als auf den Schlag drei Uhr ihn der Archivarius in das Nebenzimmer zu dem wohlbereiteten Mittagsmahl rief. Bei Tische war der Archivarius Lindhorst bei ganz besonderer heitrer Laune; er erkundigte sich nach des Studenten Anselmus Freunden, dem Konrektor Paulmann und dem Registrator Heerbrand, und wußte vorzüglich von dem letztern recht viel ergötzliches zu erzählen. Der

hier: anheimelnder, angenehmer

Der goldene Topf

gute alte Rheinwein schmeckte dem Anselmus gar sehr und machte ihn gesprächiger, als er wohl sonst zu sein pflegte. Auf den Schlag vier Uhr stand er auf um an seine Arbeit zu gehen und diese Pünktlichkeit schien dem Archivarius Lindhorst wohl zu gefallen. War ihm schon vor dem Essen das Kopieren der arabischen Zeichen geglückt so ging die Arbeit jetzt noch viel besser von Statten, ja er konnte selbst die Schnelle und Leichtigkeit nicht begreifen, womit er die krausen Züge der fremden Schrift nachzumalen vermoch- te. – Aber es war, als flüstre aus dem innersten Gemüte eine Stimme in vernehmlichen Worten: Ach! könntest du denn das vollbringen, wenn du *Sie* nicht in Sinn und Gedanken trügest, wenn du nicht an *Sie*, an ihre Liebe glaubtest? – Da wehte es wie in leisen, leisen, lispelnden Krystallklängen durch das Zimmer: ich bin dir nahe – nahe – nahe! – ich helfe dir! – sei mutig – sei standhaft, lieber Anselmus! – ich mühe mich mit dir, damit du mein werdest! Und so wie er voll innern Entzückens die Töne vernahm, wurden ihm immer verständlicher die unbekannten Zeichen – er durfte kaum mehr hineinblicken in das Original – ja es war, als stünden schon wie in blasser Schrift die Zeichen auf dem Pergament, und er dürfe sie nur mit geübter Hand schwarz überziehen. So arbeitete er fort von lieblichen tröstenden Klängen wie vom süßen zarten Hauch umflossen, bis die Glocke sechs Uhr schlug und der Archivarius Lindhorst in das Zimmer trat. Er ging sonderbar lächelnd an den Tisch, Anselmus stand schweigend auf, der Archivarius sah ihn noch immer so wie in höhnendem Spott lächelnd an, kaum hatte er aber in die Abschrift geblickt, als das Lächeln in dem tiefen feierlichen Ernst unterging, zu dem sich alle Muskeln des Gesichts verzogen. – Bald schien er nicht mehr derselbe. Die Augen, welche sonst funkelndes Feuer strahlten, blickten jetzt mit unbeschreiblicher Milde den Anselmus an, eine sanfte Röte färbte die bleichen Wangen, und statt der Ironie, die sonst den Mund zusammenpreßte,

schienen die weichgeformten anmutigen Lippen sich zu
öffnen zur weisheitvollen ins Gemüt dringenden Rede. –
Die ganze Gestalt war höher, würdevoller; der weite
Schlafrock legte sich wie ein Königsmantel in breiten Fal-
ten um Brust und Schultern, und durch die weißen Löck- 5
chen, welche an der hohen offenen Stirne lagen, schlang
sich ein schmaler goldner Reif. »Junger Mensch«, fing der
Archivarius an im dumpfen feierlichen Ton, »junger
Mensch, ich habe, noch ehe du es ahndetest, all' die geheimen Beziehungen erkannt, die dich an mein Liebstes, Hei- 10
ligstes fesseln! – Serpentina liebt dich und ein seltsames
Geschick, dessen verhängnisvollen Faden feindliche Mäch-
te spannen, ist erfüllt, wenn sie dein wird, und wenn du als
notwendige Mitgift ⌐den goldnen Topf⌐ erhältst, der ihr
Eigentum ist. Aber nur dem Kampfe entsprießt dein Glück 15
im höheren Leben. Feindliche Prinzipe fallen dich an, und
nur die innere Kraft, mit der du den Anfechtungen wider-
stehst, kann dich retten von Schmach und Verderben. Indem du hier arbeitest, überstehst du deine Lehrzeit; Glauben und Erkenntnis führen dich zum nahen Ziele, wenn du 20
fest hältst an dem, was du beginnen mußtest. Trage Sie
recht getreulich im Gemüte, *sie*, die dich liebt, und du wirst
die herrlichen Wunder des goldnen Topfs schauen und
glücklich sein immerdar. – Gehab dich wohl! der Archivarius Lindhorst erwartet dich morgen um zwölf Uhr in 25
deinem Kabinett! – Gehab dich wohl!« – Der Archivarius
schob den Studenten Anselmus sanft zur Türe hinaus, die
er dann verschloß, und er befand sich in dem Zimmer, in
welchem er gespeiset, dessen einzige Türe auf den Flur
führte. Ganz betäubt von den wunderbaren Erscheinungen 30
blieb er vor der Haustüre stehen, da wurde über ihm ein
Fenster geöffnet, er schaute hinauf, es war der Archivarius
Lindhorst, ganz der Alte im weißgrauen Rocke, wie er ihn
sonst gesehen. – Er rief ihm zu: »Ei werter H. Anselmus,
worüber sinnen Sie denn so, was gilt's, das Arabische geht 35

Ihnen nicht aus dem Kopf? grüßen Sie doch den Herrn Konrektor Paulmann, wenn Sie etwa zu ihm gehen und kommen Sie morgen Punkt zwölf Uhr wieder. Das Honorar für heute steckt bereits in Ihrer rechten Westentasche.«

5 – Der Student Anselmus fand wirklich den blanken Speziestaler in der bezeichneten Tasche, aber er freute sich gar nicht darüber. – Was aus dem Allen werden wird, weiß ich nicht, sprach er zu sich selbst – umfängt mich aber auch nur ein toller Wahn und Spuk, so lebt und webt doch in mei-

10 nem Innern die liebliche Serpentina, und ich will, ehe ich von ihr lasse, lieber untergehen ganz und gar, denn ich weiß doch, daß der Gedanke in mir ewig ist und kein feindliches Prinzip kann ihn vernichten; aber ist der Gedanke denn was anders als Serpentina's Liebe?

15 Siebente Vigilie

Wie der Konrektor Paulmann die Pfeife ausklopfte und zu Bette ging. – Rembrandt und ┌Höllenbreughel┐. – Der Zauberspiegel und des Doktor Eckstein Rezept gegen eine unbekannte Krankheit.

20 Endlich klopfte der Konrektor Paulmann die Pfeife aus, sprechend: Nun ist es doch wohl Zeit, sich zur Ruhe zu begeben. »Ja wohl«, erwiderte die durch des Vaters längeres Aufbleiben beängstete Veronika: denn es schlug längst zehn Uhr. Kaum war nun der Konrektor in sein

25 Studier- und Schlafzimmer gegangen, kaum hatten Fränzchens schwerere Atemzüge kund getan, daß sie wirklich fest eingeschlafen, als Veronika, die sich zum Schein auch ins Bett gelegt, leise, leise wieder aufstand, sich anzog, den Mantel umwarf und zum Hause hinausschlüpfte. – Seit

30 dem Augenblick, als Veronika die alte Liese verlassen,

stand ihr unaufhörlich der Anselmus vor Augen und sie wußte selbst nicht, welch eine fremde Stimme im Innern ihr immer und ewig wiederholte, daß sein Widerstreben von einer ihr feindlichen Person herrühre, die ihn in Banden halte, welche Veronika durch geheimnisvolle Mittel der magischen Kunst zerreißen könne. Ihr Vertrauen auf die alte Liese wuchs mit jedem Tage, und selbst der Eindruck des Unheimlichen, Grausigen stumpfte sich ab, so daß alles Wunderliche, Seltsame ihres Verhältnisses mit der Alten ihr nur im Schimmer des Ungewöhnlichen, Romanhaften erschien, wovon sie eben recht angezogen wurde. Deshalb stand auch der Vorsatz bei ihr fest, selbst mit Gefahr vermißt zu werden und in tausend Unannehmlichkeiten zu geraten, das Abenteuer der Tag- und Nachtgleiche zu bestehen. Endlich war nun die verhängnisvolle Nacht des Aequinoktiums, in der ihr die alte Liese Hülfe und Trost verheißen, eingetreten und Veronika, mit dem Gedanken der nächtlichen Wanderung längst vertraut geworden, fühlte sich ganz ermutigt. Pfeilschnell flog sie durch die einsamen Straßen des Sturms nicht achtend, der durch die Lüfte brauste und ihr die dicken Regentropfen ins Gesicht warf. – Mit dumpfem dröhnenden Klange schlug die Glocke des Kreuzturms elf Uhr, als Veronika ganz durchnäßt vor dem Hause der Alten stand. »Ei Liebchen, Liebchen, schon da! – nun warte warte!« – rief es von oben herab – und gleich darauf stand auch die Alte mit einem Korbe beladen und von ihrem Kater begleitet vor der Türe. »So wollen wir denn gehen und tun und treiben was ziemlich ist und gedeiht in der Nacht, die dem Werke günstig«, sagte die Alte und ergriff mit kalter Hand die zitternde Veronika, welcher sie den schweren Korb zu tragen gab, während sie selbst mit einem Kessel, Dreifuß und Spaten beladen war. Als sie ins Freie kamen, regnete es nicht mehr, aber der Sturm war stärker geworden; tausendstimmig heulte es in den Lüften, und es war, als töne ein entsetzlicher herzzerschneidender Jammer herab aus den schwarzen Wolken, die sich in schneller Flucht zusammenballten und Alles in dicke Finsternis hüllten. Aber die Alte schritt rasch fort mit gellender Stimme rufend: leuchte – leuchte mein Junge! Da schlängelten und kreuzten sich blaue Blitze vor ihnen her und Veronika wurde inne, daß der Kater knisternde Funken sprühend und leuchtend vor ihnen herumsprang, und dessen ängstliches grausiges Zetergeschrei sie vernahm, wenn der Sturm nur einen Augenblick schwieg. – Ihr wollte der Atem vergehen, es war als griffen eiskalte Krallen in ihr Inneres, aber gewaltsam raffte sie sich zusammen und sich fester an die Alte klammernd sprach sie: Nun muß Alles vollbracht werden und es mag geschehen was da will! »Recht so, mein Töchterchen!« erwiderte die Alte, »bleibe fein standhaft und ich schenke dir was Schönes und den Anselmus obendrein!« Endlich stand die Alte still und sprach: Nun sind wir an Ort und Stelle! Sie grub ein Loch in die Erde, schüttete Kohlen hinein und stellte den Dreifuß darüber, auf den sie den Kessel setzte. Alles dieses begleitete sie mit seltsamen Gebehrden, während der Kater sie umkreiste. Aus seinem Schweif sprühten Funken, die einen Feuerreif bildeten. Bald fingen die Kohlen an zu glühen und endlich schlugen blaue Flammen unter dem Dreifuß hervor. Veronika mußte Mantel und Schleier ablegen und sich bei der Alten niederkauern, die ihre Hände ergriff und fest drückte sie mit den funkelnden Augen anstarrend. Nun fingen die sonderbaren Massen – waren es Blumen – Metalle – Kräuter – Tiere, man konnte es nicht unterscheiden – die die Alte aus dem Korbe genommen und in den Kessel geworfen, an zu sieden und zu brausen. Die Alte ließ Veronika los, sie ergriff einen eisernen Löffel, mit dem sie in die glühende Masse hineinfuhr und darin rührte, während Veronika auf ihr Geheiß festen Blickes in den Kessel hineinschauen und ihre Gedanken auf den Anselmus richten mußte. Nun warf die Alte aufs neue blinkende Metalle und auch eine Haarlocke, die sich Veronika vom Kopfwirbel geschnitten, so wie einen kleinen Ring, den sie lange getragen, in den Kessel, indem sie unverständliche durch die Nacht grausig gellende Töne ausstieß und der Kater im unaufhörlichen Rennen winselte und ächzte. – – Ich wollte, daß du, günstiger Leser! am drei und zwanzigsten September auf der Reise nach Dresden begriffen gewesen wärst; vergebens suchte man, als der späte Abend hereinbrach, dich auf der letzten Station aufzuhalten; der freundliche Wirt stellte dir vor, es stürme und regne doch gar zu sehr und überhaupt sei es auch nicht geheuer in der Aequinoktialnacht so ins Dunkle hineinzufahren, aber du achtetest dessen nicht, indem du ganz richtig annahmst: ich zahle dem Postillion einen ganzen Taler Trinkgeld und bin spätestens um ein Uhr in Dresden, wo mich ⌐im goldnen Engel oder im Helm oder in der Stadt Naumburg⌐ ein gut zugerichtetes Abendessen und ein weiches Bette erwartet. Wie du nun so in der Finsternis daher fährst, siehst du plötzlich in der Ferne ein ganz seltsames flackerndes Leuchten. Näher gekommen erblickst du einen Feuerreif, in dessen Mitte bei einem Kessel, aus dem dicker Qualm und blitzende rote Strahlen und Funken emporschießen, zwei Gestalten sitzen. Gerade durch das Feuer geht der Weg, aber die Pferde prusten und stampfen und bäumen sich – der Postillion flucht und betet – und peitscht auf die Pferde hinein – sie gehen nicht von der Stelle – Unwillkürlich springst du aus dem Wagen und rennst einige Schritte vorwärts. Nun siehst du deutlich das schlanke holde Mädchen, die im weißen dünnen Nachtgewande bei dem Kessel kniet. Der Sturm hat die Flechten aufgelöst und das lange kastanienbraune Haar flattert frei in den Lüften. Ganz im blendenden Feuer der unter dem Dreifuß emporflackernden Flammen steht das engelschöne Gesicht, aber in dem Entsetzen, das seinen Eisstrom darüber goß, ist es erstarrt zur Totenbleiche, und in dem stieren Blick, in den heraufgezogenen Augenbrauen, in dem Munde, der sich vergebens dem Schrei der Todesangst öffnet, welcher sich nicht entwinden kann der von namenloser Folter gepreßten Brust, siehst du ihr Grausen, ihr Entsetzen; die kleinen Händchen hält sie krampfhaft zusammengefaltet in die Höhe, als riefe sie betend die Schutzengel herbei sie zu schirmen vor den Ungetümen der Hölle, die dem mächtigen Zauber gehorchend nun gleich erscheinen werden! – So kniet sie da unbeweglich wie ein Marmorbild. Ihr gegenüber sitzt auf dem Boden niedergekauert ein langes hageres kupfergelbes Weib mit spitzer Habichtsnase und funkelnden Katzenaugen; aus dem schwarzen Mantel, den sie umgeworfen, starren die nackten knöchernen Arme hervor und rührend in dem Höllensud lacht und ruft sie mit krächzender Stimme durch den brausenden tosenden Sturm. – Ich glaube wohl, daß dir, günstiger Leser! kenntest du auch sonst keine Furcht und Scheu, sich doch bei dem Anblick dieses Rembrandtschen oder Höllenbreughelschen Gemäldes, das nun ins Leben getreten, vor Grausen die Haare auf dem Kopfe gesträubt hätten. Aber dein Blick konnte nicht loskommen von dem im höllischen Treiben befangenen Mädchen, und der elektrische Schlag, der durch alle deine Fibern und Nerven zitterte, entzündete mit der Schnelligkeit des Blitzes in dir den mutigen Gedanken Trotz zu bieten den geheimnisvollen Mächten des Feuerkreises; in ihm ging dein Grausen unter, ja der Gedanke selbst keimte auf in diesem Grausen und Entsetzen als dessen Erzeugnis. Es war dir, als sei'st du selbst der Schutzengel einer, zu denen das zum Tode geängstigte Mädchen flehte, ja als müßtest du nur gleich dein Taschenpistol hervorziehen und die Alte ohne weiteres totschießen! Aber indem du das lebhaft dachtest, schriest du laut auf: Heda! oder: was gibt es dorten, oder: was treibt ihr da! – Der Postillion stieß schmetternd in sein Horn, die Alte kugelte um in ihren Sud hinein und alles war mit einemmal verschwunden in dickem Qualm. – Ob du das Mädchen, das du nun mit recht innigem Verlangen in der Finsternis suchtest, gefunden hättest, mag ich nicht behaupten, aber den Spuk des alten Weibes hattest du zerstört und den Bann des magischen Kreises, in den sich Veronika leichtsinnig begeben, gelöset. – Weder du, günstiger Leser! noch sonst jemand fuhr oder ging aber am drei und zwanzigsten September in der stürmischen den Hexenkünsten günstigen Nacht des Weges und Veronika mußte ausharren am Kessel in tödlicher Angst, bis das Werk der Vollendung nahe. – Sie vernahm wohl, wie es um sie her heulte und brauste, wie allerlei widrige Stimmen durcheinander blöckten und schnatterten, aber sie schlug die Augen nicht auf, denn sie fühlte wie der Anblick des Gräßlichen, des Entsetzlichen, von dem sie umgeben, sie in unheilbaren zerstörenden ⌜Wahnsinn⌝ stürzen könne. Die Alte hatte aufgehört im Kessel zu rühren, immer schwächer und schwächer wurde der Qualm und zuletzt brannte nur eine leichte Spiritusflamme im Boden des Kessels. Da rief die Alte: Veronika mein Kind! mein Liebchen! schau hinein in den Grund! – was siehst du denn – was siehst du denn? – Aber Veronika vermochte nicht zu antworten, unerachtet es ihr schien, als drehten sich allerlei verworrene Figuren im Kessel durcheinander; immer deutlicher und deutlicher gingen Gestalten hervor und mit einemmal trat, sie freundlich anblickend und die Hand ihr reichend der Student Anselmus aus der Tiefe des Kessels. Da rief sie laut: Ach der Anselmus! – der Anselmus! – Rasch öffnete die Alte den am Kessel befindlichen Hahn und glühendes Metall strömte zischend und prasselnd in eine kleine Form, die sie daneben gestellt. Nun sprang das Weib auf und kreischte sich mit wilder gräßlicher Gebehrde herumschwingend: Vollendet ist das Werk – Dank dir mein Junge! – hast Wache gehalten – Huy – Huy – er kommt! – Beiß ihn tot – beiß ihn tot! Aber da brauste es mächtig durch die Lüfte, es war als rausche ein ungeheurer Adler herab mit den Fittigen um sich schlagend und es rief mit entsetzlicher Stimme: »Hei hei! – ihr Gesindel! nun ist's aus – nun ist's aus – fort zu Haus!« Die Alte stürzte heulend nieder, aber der Veronika vergingen Sinn und Gedanken. – Als sie wieder zu sich selbst kam, war es heller Tag geworden, sie lag in ihrem Bette und Fränzchen stand mit einer Tasse dampfenden Tee's vor ihr sprechend: Aber sage mir nur Schwester! was dir ist, da stehe ich nun schon eine Stunde oder länger vor dir und du liegst wie in der Fieberhitze besinnungslos da und stöhnst und ächzest, daß uns angst und bange wird. Der Vater ist deinetwegen heute nicht in die Klasse gegangen und wird gleich mit dem Herrn Doktor hereinkommen. – Veronika nahm schweigend den Tee; indem sie ihn hinunterschlürfte, traten ihr die gräßlichen Bilder der Nacht lebhaft vor Augen. »So war denn wohl Alles nur ein ängstlicher Traum, der mich gequält hat? – Aber ich bin doch gestern Abend wirklich zur Alten gegangen, es war ja der drei und zwanzigste September? – doch bin ich wohl schon gestern recht krank geworden und habe mir das Alles nur eingebildet und nichts hat mich krank gemacht, als das ewige Denken an den Anselmus und an die wunderliche alte Frau, die sich für die Liese ausgab und mich wohl nur damit geneckt hat.« – Fränzchen, die hinausgegangen, trat wieder herein mit Veronikas ganz durchnäßtem Mantel in der Hand. »Sieh nur, Schwester!« sagte sie, »wie es deinem Mantel ergangen ist; da hat der Sturm in der Nacht das Fenster aufgerissen und den Stuhl, auf dem der Mantel lag, umgeworfen; da hat es nun wohl hineingeregnet, denn der Mantel ist ganz naß.« – Das fiel der Veronika schwer aufs Herz, denn sie merkte nun wohl, daß nicht ein Traum sie gequält, sondern daß sie wirklich bei der Alten gewesen. Da ergriff sie Angst und Grausen und ein Fieberfrost zitterte durch alle Glieder. Im krampfhaften Erbeben zog sie die Bettdecke fest über sich, aber da fühlte sie, daß etwas hartes ihre Brust drückte, und als sie mit der Hand darnach faßte, schien es ein Medaillon zu sein; sie zog es hervor, als Fränzchen mit dem Mantel fortgegangen, und es war ein kleiner runder hell polierter Metallspiegel. »Das ist ein Geschenk der Alten«, rufte sie lebhaft und es war, als schössen feurige Strahlen aus dem Spiegel, die in ihr Innerstes drangen und es wohltuend erwärmten. Der Fieberfrost war vorüber und es durchströmte sie ein unbeschreibliches Gefühl von Behaglichkeit und Wohlsein. – An den Anselmus mußte sie denken, und als sie immer fester und fester den Gedanken auf ihn richtete, da lächelte er ihr freundlich aus dem Spiegel entgegen wie ein lebhaftes Miniatur-Portrait. Aber bald war es ihr, als sähe sie nicht mehr das Bild – nein! – sondern den Studenten Anselmus selbst leibhaftig. Er saß in einem hohen seltsam ausstaffierten Zimmer und schrieb emsig. Veronika wollte zu ihm hintreten, ihn auf die Schulter klopfen und sprechen: Herr Anselmus, schauen Sie doch um sich, ich bin ja da! Aber das ging durchaus nicht an, denn es war als umgäbe ihn ein leuchtender Feuerstrom, und wenn Veronika recht genau hinsah, waren es doch nur große Bücher mit vergoldetem Schnitt. Aber endlich gelang es der Veronika den Anselmus ins Auge zu fassen, da war es, als müsse er im Anschauen sich erst auf sie besinnen, doch endlich lächelte er und sprach: Ach! – sind Sie es liebe Mademoiselle Paulmann! Aber warum belieben Sie sich denn zuweilen als ein Schlänglein zu gebehrden? Veronika mußte über diese seltsamen Worte laut auflachen, darüber erwachte sie wie aus einem tiefen Traume und sie verbarg schnell den kleinen Spiegel, als die Türe aufging und der Konrektor Paulmann mit dem Doktor Eckstein ins Zimmer kam. Der Doktor Eckstein ging sogleich ans Bette, faßte lange in tiefem Nachdenken versunken Veronikas Puls und sagte dann: Ei! – Ei! Hierauf schrieb er ein Rezept, faßte noch einmal den Puls, sagte wiederum: Ei! Ei! und verließ die

Patientin. Aus diesen Äußerungen des Doktor Eckstein konnte aber der Konrektor Paulmann nicht recht deutlich entnehmen, was der Veronika denn wohl eigentlich fehlen möge.

Achte Vigilie

Die Bibliothek der Palmbäume – Schicksale eines unglücklichen Salamanders – Wie die schwarze Feder eine Runkelrübe liebkosete und der Registrator Heerbrand sich sehr betrank.

Der Student Anselmus hatte nun schon mehrere Tage bei dem Archivarius Lindhorst gearbeitet; diese Arbeitsstunden waren für ihn die glücklichsten seines Lebens, denn immer von lieblichen Klängen, von Serpentina's tröstenden Worten umflossen, ja oft von einem vorübergleitenden Hauche leise berührt, durchströmte ihn eine nie gefühlte Behaglichkeit, die oft bis zur höchsten Wonne stieg. Jede Not, jede kleinliche Sorge seiner dürftigen Existenz war ihm aus Sinn und Gedanken entschwunden, und in dem neuen Leben, das ihm wie im hellen Sonnenglanze aufgegangen, begriff er alle Wunder einer höheren Welt, die ihm sonst mit Staunen, ja mit Grausen erfüllt hatten. Mit dem Abschreiben ging es sehr schnell, indem es ihm immer mehr dünkte, er schreibe nur längst gekannte Züge auf das Pergament hin und dürfe kaum nach dem Original sehen, um alles mit der größten Genauigkeit nachzumalen. – Außer der Tischzeit ließ sich der Archivarius Lindhorst nur dann und wann sehen, aber jedesmal erschien er genau in dem Augenblick, wenn Anselmus eben die letzten Zeichen einer Handschrift vollendet hatte, und gab ihm dann eine andere, verließ ihn aber gleich wieder schweigend, nachdem er nur mit einem schwarzen Stäbchen die Tinte umgerührt und die gebrauchten Federn mit neuen schärfer gespitzten vertauscht hatte. Eines Tages, als Anselmus mit dem Glokkenschlag zwölfe bereits die Treppe heraufgestiegen, fand er die Türe, durch die er gewöhnlich hineingegangen, ver- 5 schlossen, und der Archivarius Lindhorst erschien in seinem wunderlichen wie mit glänzenden Blumen bestreuten Schlafrock von der andern Seite. Indem er laut rief: Heute kommen Sie nur hie hinein, werter Anselmus, denn wir mussen in das Zimmer, wo ⌐Bhogovotgita's Meister⌐ unser 10 warten, ging er durch den Korridor und führte den Anselmus durch dieselben Gemächer und Säle, wie das erstemal. – Der Student Anselmus erstaunte aufs Neue über die wunderbare Herrlichkeit des Gartens, aber er sah nun deutlich, daß manche seltsame Blüten, die an den dunkelen Büschen 15 hingen, eigentlich in glänzenden Farben prunkende Insekten waren, die mit den Flüglein auf und niederschlugen und durcheinander tanzend und wirbelnd sich mit ihren Saugrüsseln zu liebkosen schienen; dagegen waren wieder die rosenfarbnen und himmelblauen Vögel duftende Blu- 20 men und der Geruch, den sie verbreiteten, stieg aus ihren Kelchen empor in leisen lieblichen Tönen, die sich mit dem Geplätscher der fernen Brunnen, mit dem Säuseln der hohen Stauden und Bäume zu geheimnisvollen Akkorden einer tiefklagenden Sehnsucht vermischten. Aber die Spott- 25 vögel, die ihn das erstemal so geneckt und gehöhnt, flatterten ihm wieder um den Kopf und schrien mit ihren feinen Stimmchen unaufhörlich: Herr Studiosus, Herr Studiosus, eilen Sie nicht so – kucken Sie nicht so in die Wolken – Sie könnten auf die Nase fallen. – He he! Herr Studio- 30 sus – nehmen Sie den Pudermantel um – Gevatter Schuhu* soll Ihnen den Toupee* frisieren. – So ging es fort in allerlei dummen Geschwätz, bis Anselmus den Garten verlassen. Der Archivarius Lindhorst trat endlich in das azurblaue Zimmer; der Porphyr mit dem goldnen Topf war ver- 35

Uhu
(franz.) Haarteil, Halbperücke;
Modefrisur des späten 18. Jh.s

schwunden, statt dessen stand ein mit violettem Samt behangener Tisch, auf dem die dem Anselmus bekannten Schreibmaterialien befindlich, in der Mitte des Zimmers und ein eben so beschlagener Lehnstuhl vor demselben.

5 »Lieber Hr. Anselmus, sagte der Archivarius Lindhorst, Sie haben nun schon manches Manuskript schnell und richtig zu meiner großen Zufriedenheit kopiert; Sie haben sich mein Zutrauen erworben; das wichtigste bleibt aber noch zu tun übrig, und das ist das Abschreiben oder vielmehr 10 Nachmalen gewisser in besonderen Zeichen geschriebener Werke, die ich hier in diesem Zimmer aufbewahre und die nur an Ort und Stelle kopiert werden können. – Sie werden daher künftig hier arbeiten, aber ich muß ihnen die größte Vorsicht und Aufmerksamkeit empfehlen; ein falscher 15 Strich, oder was der Himmel verhüten möge, ein Tintenfleck auf das Original gespritzt stürzt Sie ins Unglück.« – Anselmus bemerkte, daß aus den goldnen Stämmen der Palmbäume kleine smaragdgrüne Blätter herausragten; eins dieser Blätter erfaßte der Archivarius und Anselmus 20 wurde gewahr, daß das Blatt eigentlich in einer Pergamentrolle bestand, die der Archivarius aufwickelte und vor ihm auf den Tisch breitete. Anselmus wunderte sich nicht wenig über die seltsam verschlungenen Zeichen, und bei dem Anblick der vielen Pünktchen, Striche und leichten Züge 25 und Schnörkel, die bald Pflanzen, bald Moose, bald Tiergestalten nachzuahmen schienen, wollte ihm beinahe der Mut sinken Alles so genau nachmalen zu können. Er geriet darüber in tiefe Gedanken. »Mut gefaßt junger Mensch!« rief der Archivarius, »hast du bewährten Glauben und 30 wahre Liebe, so hilft dir Serpentina!« Seine Stimme tönte wie klingendes Metall, und als Anselmus in jähem Schreck aufblickte, stand der Archivarius Lindhorst in der königlichen Gestalt vor ihm, wie er ihm bei dem ersten Besuch im Bibliothek-Zimmer erschienen. Es war dem Anselmus als 35 müsse er von Ehrfurcht durchdrungen auf die Knie sinken,

aber da stieg der Archivarius Lindhorst an dem Stamm eines Palmbaums in die Höhe und verschwand in den smaragdenen Blättern. – Der Student Anselmus begriff, daß der Geisterfürst mit ihm gesprochen und nun in sein Studierzimmer hinaufgestiegen, um vielleicht mit den Strahlen, die einige Planeten als Gesandte zu ihm geschickt, Rücksprache zu halten, was nun mit ihm und der holden Serpentina geschehen solle. – Auch kann es sein, dachte er ferner, daß ihn Neues von den Quellen des Nils erwartet, oder daß ein Magus* aus Lappland ihn besucht – mir geziemt es nun, emsig an die Arbeit zu gehen. – Und damit fing er an die fremden Zeichen der Pergamentrolle zu studieren. – Die wunderbare Musik des Gartens tönte zu ihm herüber und umgab ihn mit süßen lieblichen Düften, auch hörte er wohl die Spottvögel kickern, doch verstand er ihre Worte nicht, was ihm auch recht lieb war. Zuweilen war es auch, als rauschten im leisen Rühren die smaragdenen Blätter der Palmbäume und als strahlten dann die holden Krystallklänge, welche Anselmus an jenem verhängnisvollen Himmelfahrtstage unter dem Holunderbusch hörte, durch das Zimmer. Der Student Anselmus wunderbar gestärkt durch dies Tönen und Leuchten richtete immer fester und fester Sinn und Gedanken auf die Überschrift der Pergamentrolle, und bald fühlte er wie aus dem Innersten heraus, daß die Zeichen nichts anders bedeuten könnten als die Worte: Von der Vermählung des Salamanders mit der grünen Schlange. – Da ertönte ein starker Dreiklang heller Krystallglocken – »Anselmus, lieber Anselmus«, wehte es ihm zu aus den Blättern, und o Wunder! an dem Stamm des Palmbaums schlängelte sich die grüne Schlange herab. – »Serpentina! holde Serpentina!« rief Anselmus wie im Wahnsinn des höchsten Entzückens, denn so wie er schärfer hinblickte, da war es ja ein liebliches herrliches Mädchen, die mit den dunkelblauen Augen wie sie in seinem Innern lebten, voll unaussprechlicher Sehnsucht ihn an-

Magier,
Priester,
Zauberer

Der goldene Topf

schauend ihm entgegenschwebte. Die Blätter schienen sich herabzulassen und auszudehnen, überall sproßten Stacheln aus den Stämmen, aber Serpentina wand und schlängelte sich geschickt durch, indem sie ihr flatterndes wie in schillernden Farben glänzendes Gewand nach sich zog, so daß es sich dem schlanken Körper anschmiegend nirgends hängen blieb an den hervorragenden Spitzen und Stacheln der Palmbäume. Sie setzte sich neben dem Anselmus auf denselben Stuhl ihn mit dem Arm umschlingend und an sich drückend, so daß er den Hauch, der von ihren Lippen strömte, die elektrische Wärme ihres Körpers fühlte. »Lieber Anselmus! fing Serpentina an, nun bist du bald ganz mein, durch deinen Glauben, durch deine Liebe erringst du mich, und ich bürge dir den goldnen Topf der uns beide beglückt immerdar.« »O du holde liebe Serpentina, sagte Anselmus, wenn ich nur dich habe, was kümmert mich sonst alles Übrige; wenn du nur Mein bist, so will ich gern untergehen in all' dem Wunderbaren und Seltsamen, was mich befängt seit dem Augenblick, als ich dich sah.« »Ich weiß wohl, fuhr Serpentina fort, daß das Unbekannte und Wunderbare, womit mein Vater oft nur zum Spiel seiner Laune umfangen, Grausen und Entsetzen in dir erregt hat, aber jetzt soll es, wie ich hoffe, nicht wieder geschehen, denn ich bin in diesem Augenblick nur da, um dir mein lieber Anselmus Alles und Jedes aus tiefem Gemüte, aus tiefer Seele haarklein zu erzählen, was dir zu wissen nötig, um meinen Vater ganz zu kennen und überhaupt recht deutlich einzusehen, was es mit ihm und mit mir für eine Bewandtnis hat.« – Dem Anselmus war es, als sei er von der holden lieblichen Gestalt so ganz und gar umschlungen und umwunden, daß er sich nur mit ihr regen und bewegen könne und als sei es nur der Schlag ihres Pulses, der durch seine Fibern und Nerven zittere; er horchte auf jedes ihrer Worte, das bis in sein Innerstes hinein erklang, und wie ein leuchtender Strahl die Wonne des Himmels in ihm entzündete. Er hatte den Arm um ihren schlanker als schlanken Leib gelegt, aber der schillernde glänzende Stoff ihres Gewandes war so glatt, so schlüpfrig, daß es ihm schien, als könne sie sich ihm schnell entwindend unaufhaltsam entschlüpfen und er erbebte bei dem Gedanken. »Ach verlaß mich nicht holde Serpentina, rief er unwillkürlich aus, nur du bist mein Leben!« – Nicht eher heute, sagte Serpentina, als bis ich Alles erzählt habe, was du in deiner Liebe zu mir begreifen kannst. – Wisse also Geliebter! daß mein Vater aus dem wunderbaren Geschlecht der Salamander abstammt und daß ich mein Dasein seiner Liebe zur grünen Schlange verdanke. In uralter Zeit herrschte in dem Wunderlande ⌐Atlantis⌐ der mächtige Geisterfürst Phosphorus, dem die Elementar-Geister dienten. Einst ging der Salamander den er vor Allen liebte (es war mein Vater) in dem prächtigen Garten, den des Phosphorus Mutter mit ihren schönsten Gaben auf das herrlichste geschmückt hatte, umher und hörte, wie eine hohe Lilie in leisen Tönen sang: »Drücke fest die Äuglein zu, bis mein Geliebter, der Morgenwind dich weckt.« Er trat hinzu, von seinem glühenden Hauch berührt, erschloß die Lilie ihre Blätter und er erblickte der Lilie Tochter, die grüne Schlange, welche in dem Kelch schlummerte. Da wurde der Salamander von heißer Liebe zu der schönen Schlange ergriffen und er raubte sie der Lilie, deren Düfte in namenloser Klage vergebens im ganzen Garten nach der geliebten Tochter riefen. Denn der Salamander hatte sie in das Schloß des Phosphorus getragen und bat ihn: vermähle mich mit der Geliebten, denn sie soll mein eigen sein immerdar. Törichter was verlangst du! sprach der Geisterfürst, wisse, daß einst die Lilie meine Geliebte war und mit mir herrschte, aber der Funke, den ich in sie warf, drohte sie zu vernichten und nur der Sieg über den schwarzen Drachen, den jetzt die Erdgeister in Ketten gebunden halten, erhielt die Lilie, daß ihre Blätter stark genug blieben den Funken in sich zu schließen und zu

bewahren. Aber wenn du die grüne Schlange umarmst, wird deine Glut den Körper verzehren und ein neues Wesen schnell emporkeimend sich dir entschwingen. Der Salamander achtete der Warnung des Geisterfürsten nicht; voll
5 glühenden Verlangens schloß er die grüne Schlange in seine Arme, sie zerfiel in Asche und ein geflügeltes Wesen aus der Asche geboren rauschte fort durch die Lüfte. Da ergriff den Salamander der Wahnsinn der Verzweiflung und er rannte Feuer und Flammen sprühend durch den Garten und ver-
10 heerte ihn in wilder Wut, daß die schönsten Blumen und Blüten verbrannt niedersanken und ihr Jammer die Luft erfüllte. Der hocherzürnte Geisterfürst erfaßte im Grimm den Salamander und sprach: Ausgeraset hat dein Feuer – erloschen sind deine Flammen, erblindet deine Strahlen –
15 sinke herab zu den Erdgeistern, die mögen dich necken und höhnen und gefangen halten, bis der Feuerstoff sich wieder entzündet und mit dir als einem neuen Wesen aus der Erde emporstrahlt. Der arme Salamander sank erloschen hinab, aber da trat der alte mürrische Erdgeist, der des Phospho-
20 rus Gärtner war, hinzu und sprach: Herr! wer sollte mehr über den Salamander klagen als ich! – Habe ich nicht all' die schönen Blumen, die er verbrannt, mit meinen schön- sten Metallen geputzt, habe ich nicht ihre Keime wacker gehegt und gepflegt und an ihnen manche schöne Farbe
25 verschwendet? – und doch nehme ich mich des armen Sa- lamanders an, den nur die Liebe, von der du selbst schon oft, o Herr! befangen, zur Verzweiflung getrieben, in der er den Garten verwüstet. – Erlasse ihm die zu harte Strafe! »Sein Feuer ist für jetzt erloschen, sprach der Geisterfürst,
30 in der unglücklichen Zeit, wenn die Sprache der Natur dem entarteten Geschlecht der Menschen nicht mehr verständ- lich sein, wenn die Elementargeister in ihre Regionen ge- bannt nur aus weiter Ferne in dumpfen Anklängen zu dem Menschen sprechen werden, wenn dem harmonischen
35 Kreise entrückt nur ein unendliches Sehnen ihm die dunkle

Kunde von dem wundervollen Reiche geben wird, das er sonst bewohnen durfte, als noch Glauben und Liebe in seinem Gemüte wohnten – in dieser unglücklichen Zeit entzündet sich der Feuerstoff des Salamanders aufs neue, aber nur zum Menschen keimt er empor und muß ganz eingehend in das dürftige Leben dessen Bedrängnisse ertragen. Aber nicht allein die Erinnerung an seinen Urzustand soll ihm bleiben, sondern er lebt auch wieder auf in der heiligen Harmonie mit der ganzen Natur, er versteht ihre Wunder und die Macht der verbrüderten Geister steht ihm zu Gebote. In einem Lilienbusch findet er dann die grüne Schlange wieder und die Frucht seiner Vermählung mit ihr sind drei Töchter, die den Menschen in der Gestalt der Mutter erscheinen. Zur Frühlingszeit sollen sie sich in den dunklen Holunderbusch hängen und ihre liebliche Krystallstimmen ertönen lassen. Findet sich dann in der dürftigen armseligen Zeit der innern Verstocktheit ein Jüngling der ihren Gesang vernimmt, ja blickt ihn eine der Schlänglein mit ihren holdseligen Augen an, entzündet der Blick in ihm die Ahnung des fernen wundervollen Landes, zu dem er sich mutig emporschwingen kann, wenn er die Bürde des Gemeinen abgeworfen, keimt mit der Liebe zur Schlange in ihm der Glaube an die Wunder der Natur, ja an seine eigne Existenz in diesen Wundern glutvoll und lebendig auf, so wird die Schlange sein. Aber nicht eher, bis drei Jünglinge dieser Art erfunden und mit den drei Töchtern vermählt werden, darf der Salamander seine lästige Bürde abwerfen und zu seinen Brüdern gehen.« Erlaube Herr, sagte der Erdgeist, daß ich diesen drei Töchtern ein Geschenk mache, das ihr Leben mit dem gefundenen Gemahl verherrlicht. Jede erhält von mir einen Topf vom schönsten Metall das ich besitze, den poliere ich mit Strahlen, die ich dem Diamant entnommen; in seinem Glanze soll sich unser wundervolles Reich, wie es jetzt im Einklang mit der ganzen Natur besteht, in blendendem herrlichen Wiederschein abspiegeln, aus seinem Innern aber in dem Augenblick der Vermählung eine Feuerlilie entsprießen, deren ewige Blüte den bewährt erfundenen Jüngling süß duftend umfängt. Bald wird er dann ihre Sprache, die Wunder unseres Reichs verstehen und selbst mit der Geliebten in Atlantis wohnen. – Du weißt nun wohl, lieber Anselmus! daß mein Vater eben der Salamander ist, von dem ich dir erzählt. Er mußte seiner höheren Natur unerachtet sich den kleinlichsten Bedrängnissen des gemeinen Lebens unterwerfen, und daher kommt wohl oft die schadenfrohe Laune, mit der er Manche neckt. Er hat mir oft gesagt, daß für die innere Geistesbeschaffenheit, wie sie der Geisterfürst Phosphorus damals als Bedingnis der Vermählung mit mir und meinen Schwestern aufgestellt, man jetzt einen Ausdruck habe, der aber nur zu oft unschicklicher Weise gemißbraucht werde; man nenne das nehmlich ein kindliches poetisches Gemüt. – Oft finde man dieses Gemüt bei Jünglingen, die der hohen Einfachheit ihrer Sitten wegen und weil es ihnen ganz an der sogenannten Weltbildung fehle, von dem Pöbel verspottet würden. Ach lieber Anselmus! – du verstandest ja unter dem Holunderbusch meinen Gesang – meinen Blick – du liebest die grüne Schlange, du glaubest an mich und willst mein sein immerdar! – Die schöne Lilie wird emporblühen aus dem goldnen Topf und wir werden vereint glücklich und selig in Atlantis wohnen! – Aber nicht verhehlen kann ich dir, daß im gräßlichen Kampf mit den Salamandern und Erdgeistern sich der schwarze Drache loswand und durch die Lüfte davon brauste. Phosphorus hält ihn zwar wieder in Banden, aber aus den schwarzen Federn, die im Kampfe auf die Erde stäubten, keimten feindliche Geister empor, die überall den Salamandern und Erdgeistern widerstreben. Jenes Weib, das dir so feindlich ist lieber Anselmus! und die wie mein Vater recht gut weiß nach dem Besitz des goldnen Topfs strebt, hat ihr Dasein der Liebe einer solchen aus dem Fittig des Drachen herabgestäubten Feder zu einer Runkelrübe zu verdanken. Sie erkennt ihren Ursprung und ihre Gewalt, denn in dem Stöhnen, in den Zuckungen des gefangenen Drachen werden ihr die Geheimnisse mancher wundervollen Konstellation offenbar und sie bietet alle Mittel auf von Außen hinein ins Innere zu wirken, wogegen sie mein Vater mit den Blitzen, die aus dem Innern des Salamanders hervorschießen, bekämpft. Alle die feindlichen Prinzipe, die in schädlichen Kräutern und giftigen Tieren wohnen, sammelt sie und erregt, sie mischend in günstiger Konstellation, manchen bösen Spuk, der des Menschen Sinne mit Grauen und Entsetzen befängt und ihn der Macht jener Dämonen, die der Drache im Kampfe unterliegend erzeugte, unterwirft. Nimm dich vor der Alten in Acht lieber Anselmus, sie ist dir feind, weil dein kindliches frommes Gemüt schon manchen ihrer bösen Zauber vernichtet. – Halte treu – treu – an mir, bald bist du am Ziel! – O meine – meine Serpentina! – rief der Student Anselmus, wie sollte ich denn nur von dir lassen können, wie sollte ich dich nicht lieben ewiglich! – Ein Kuß brannte auf seinem Munde, er erwachte wie aus einem tiefen Traume, Serpentina war verschwunden, es schlug sechs Uhr, da fiel es ihm schwer aufs Herz, daß er nicht das mindeste kopiert habe; er blickte voll Besorgnis was der Archivarius wohl sagen werde, auf das Blatt und o Wunder! die Kopie des geheimnisvollen Manuskripts war glücklich beendigt und er glaubte schärfer die Züge betrachtend Serpentinas Erzählung von ihrem Vater, dem Liebling des Geisterfürsten Phosphorus im Wunderlande Atlantis, abgeschrieben zu haben. Jetzt trat der Archivarius Lindhorst in seinem weißgrauen Überrokke, den Hut auf dem Kopf, den Stock in der Hand herein; er sah in das von dem Anselmus beschriebene Pergament, nahm eine große Prise und sagte lächelnd: das dacht' ich wohl! – Nun! hier ist der Speziestaler H. Anselmus, jetzt wollen wir noch nach dem Linkeschen Bade gehen – nur mir nach! – Der Archivarius schritt rasch durch den Garten, in dem ein solcher Lärm von Singen, Pfeifen, Sprechen durcheinander war, daß der Student Anselmus ganz betäubt wurde und dem Himmel dankte, als er sich auf der Straße befand. Kaum waren sie einige Schritte gegangen, als sie dem Registrator Heerbrand begegneten, der freundlich sich anschloß. Vor dem Tore stopften sie die mitgenommenen Pfeifen, der Registrator Heerbrand beklagte kein Feuerzeug bei sich zu tragen, da rief der Archivarius Lindhorst ganz unwillig: Was Feuerzeug! – hier ist Feuer, so viel Sie wollen! Und damit schnippte er mit den Fingern, aus denen große Funken strömten die die Pfeifen schnell anzündeten. »Sehn Sie das chemische Kunststückchen«, sagte der Registrator Heerbrand, aber der Student Anselmus dachte nicht ohne inneres Erbeben an den Salamander. – Im Linkeschen Bade trank der Registrator Heerbrand so viel starkes Doppelbier, daß er, sonst ein gutmütiger stiller Mann, anfing in einem quäkenden Tenor Burschenlieder zu singen, jeden hitzig frug: ob er sein Freund sei oder nicht und endlich von dem Studenten Anselmus zu Hause gebracht werden mußte, als der Archivarius Lindhorst schon längst auf und davon war.

Neunte Vigilie

Wie der Student Anselmus zu einiger Vernunft gelangte – ⌜*Die Punschgesellschaft*⌝ *– Wie der Student Anselmus den Konrektor Paulmann für einen Schuhu hielt und dieser sich darob sehr erzürnte – Der Tintenklecks und seine Folgen.*

Alles das Seltsame und Wundervolle, welches dem Studenten Anselmus täglich begegnet war, hatte ihn ganz dem gewöhnlichen Leben entrückt, längst sah er keinen seiner

Freunde mehr und jeden Morgen harrte er mit Ungeduld auf die zwölfte Stunde, die ihm sein Paradies aufschloß. Und doch, indem sein ganzes Gemüt der holden Serpentina und den Wundern des Feenreichs bei dem Archivarius Lindhorst zugewendet war, mußte er zuweilen unwillkürlich an Veronika denken, ja manchmal schien es ihm, als träte sie zu ihm hin und gestehe errötend, wie herzlich sie ihn liebe und wie sie darnach trachte ihn den Phantomen von denen er nur geneckt und verhöhnt werde zu entreißen. Zuweilen war es, als risse eine fremde plötzlich auf ihn einbrechende Macht ihn unwiderstehlich hin zur vergessenen Veronika, und er müsse ihr als sei er an sie gekettet folgen wohin sie nur wolle. Gerade in der Nacht darauf, als er Serpentina zum erstenmal in der Gestalt eines holdseligen Mädchens geschaut, als ihm das wunderbare Geheimnis der Vermählung des Salamanders mit der grünen Schlange offenbar worden, trat ihm Veronika lebhafter als jemals vor Augen. – Ja! – erst als er erwachte, wurde er deutlich gewahr, daß er nur geträumt habe, da er überzeugt gewesen, Veronika sei wirklich bei ihm und klage mit dem Ausdruck eines tiefen Schmerzes, der sein Innerstes durchdrang, daß er ihre innige Liebe den phantastischen Erscheinungen, die nur seine innere Zerrüttung hervorrufe, aufopfern und noch darüber in Unglück und Verderben geraten werde. Veronika war liebenswürdiger als er sie je gesehen; er konnte sie kaum aus den Gedanken bringen und dieser Zustand verursachte ihm eine Qual, der er bei einem Morgenspaziergang zu entrinnen hoffte. Eine geheime magische Gewalt zog ihn vor das ⌈Pirnaer Tor⌉ und eben wollte er in eine Nebenstraße einbiegen, als der Konrektor Paultnann hinter ihm her kommend laut rief: Ei Ei! – wertester H. Anselmus! – Amice*! – Amice! wo um des Himmels willen stecken Sie denn, Sie lassen sich ja gar nicht mehr sehen – wissen Sie wohl, daß sich Veronika recht sehnt wieder einmal eins mit Ihnen zu singen? – Nun kom-

(lat.) Freund

Der goldene Topf

men Sie nur, Sie wollten ja doch zu mir! Der Student Anselmus ging notgedrungen mit dem Konrektor; als sie in
das Haus traten kam ihnen Veronika ganz allerliebst gekleidet entgegen, so daß der Konrektor Paulmann voll Erstaunen frug: Nun warum so geputzt, hat man denn Besuch
erwartet? – aber hier bringe ich den H. Anselmus! – Als der
Student Anselmus sittlich und artig der Veronika die Hand
küßte, fühlte er einen leisen Druck, der wie ein Glutstrom
durch alle Fibern und Nerven zuckte. Veronika war die
Heiterkeit, die Anmut selbst, und als Paulmann nach seinem Studierzimmer gegangen, wußte sie durch allerhand
Neckerei und Schalkheit den Anselmus so hinauf zu
schrauben, daß er alle Blödigkeit* vergaß und sich zuletzt
mit dem ausgelassenen Mädchen im Zimmer herumjagte.
Da kam ihm aber wieder einmal der Dämon des Unge-
schicks über den Hals, er stieß an den Tisch und Veronika's
niedliches Nähkästchen fiel herab, Anselmus hob es auf,
der Deckel war gesprungen, und es blinkte ihm ein kleiner
runder Metallspiegel entgegen, in den er mit ganz eigner
Lust hineinschaute. Veronika schlich sich leise hinter ihn,
legte die Hand auf seinen Arm und schaute sich fest an ihn
schmiegend ihm über die Schulter auch in den Spiegel. Da
war es dem Anselmus als beginne ein Kampf in seinem
Innern – Gedanken – Bilder – blitzten hervor und vergingen
wieder – der Archivarius Lindhorst – Serpentina – die grüne Schlange – endlich wurde es ruhiger und alles Verworrene fügte und gestaltete sich zum deutlichen Bewußtsein.
Ihm wurde es nun klar, daß er nur beständig an Veronika
gedacht, ja daß die Gestalt, welche ihm gestern in dem
blauen Zimmer erschienen, auch eben Veronika gewesen
und daß die phantastische Sage von der Vermählung des
Salamanders mit der grünen Schlange ja nur von ihm geschrieben, keinesweges ihm aber erzählt worden sei. Er
wunderte sich selbst über seine Träumereien und schrieb
sie lediglich seinem durch die Liebe zu Veronika exaltier-

*Schüchtern-
heit, Unge-
schicklichkeit

ten* Seelenzustande so wie der Arbeit bei dem Archivarius Lindhorst zu, in dessen Zimmern es noch überdem so sonderbar betäubend dufte. Er mußte herzlich über die tolle Einbildung lachen in eine kleine Schlange verliebt zu sein und einen wohlbestallten geheimen Archivarius für einen Salamander zu halten. »Ja ja! – es ist Veronika!« rief er laut, aber indem er den Kopf umwandte schaute er gerade in Veronika's blaue Augen hinein, in denen Liebe und Sehnsucht strahlten. Ein dumpfes Ach! entfloh ihren Lippen, die in dem Augenblick auf den seinigen brannten. »Ach ich Glücklicher, seufzte der entzückte Student, was ich gestern nur träumte wird mir heute wirklich und in der Tat zu Teil.« »Und willst du mich denn wirklich heiraten, wenn du Hofrat worden?« frug Veronika. Allerdings! Antwortete der Student Anselmus; indem knarrte die Türe und der Konrektor Paulmann trat mit den Worten herein: Nun wertester H. Anselmus lasse ich Sie heute nicht fort, Sie nehmen vorlieb bei mir mit einer Suppe und nachher bereitet uns Veronika einen köstlichen Kaffee, den wir mit dem Registrator Heerbrand, welcher herzukommen versprochen, genießen. »Ach bester H. Konrektor, erwiderte der Student Anselmus, wissen Sie denn nicht, daß ich zum Archivarius Lindhorst muß des Abschreibens wegen?« Schauen Sie Amice! sagte der Konrektor Paulmann, indem er ihm die Taschenuhr hinhielt, welche auf halb eins wies. Der Student Anselmus sah nun wohl ein, daß es viel zu spät sei zu dem Archivarius Lindhorst zu wandern, und fügte sich den Wünschen des Konrektors um so lieber, als er nun die Veronika den ganzen Tag über schauen und wohl manchen verstohlnen Blick, manchen zärtlichen Händedruck, ja wohl gar einen Kuß erhalten konnte. So hoch verstiegen sich jetzt die Wünsche und Hoffnungen des Studenten Anselmus, und es wurde ihm immer behaglicher zu Mute, je mehr er sich überzeugte, daß er bald von all' den phantastischen Einbildungen befreit sein werde, die ihn wirklich

ganz und gar zum wahnwitzigen Narren hätten machen können. Der Registrator Heerbrand fand sich wirklich nach Tische ein und als der Kaffee genossen und die Dämmerung bereits eingebrochen, gab er schmunzelnd und
5 fröhlich die Hände reibend zu verstehen: er trage etwas mit sich, was durch Veronika's schöne Hände gemischt und in gehörige Form gebracht, gleichsam ⌈foliiert und rubriziert⌉ ihnen allen an dem kühlen Oktober-Abende erfreulich sein werde. »So rücken Sie denn nur mit dem geheimnisvollen
10 Wesen das Sie bei sich tragen heraus, geschätztester Registrator«, rief der Konrektor Paulmann, aber der Registrator Heerbrand griff in die tiefe Tasche seines Matins* und brachte in drei Reprisen* eine Flasche ⌈Arrak⌉, Zitronen und Zucker zum Vorschein. Kaum war eine halbe Stunde
15 vergangen, so dampfte ein köstlicher Punsch auf Paulmanns Tische. Veronika kredenzte das Getränk und es gab allerlei gemütliche muntre Gespräche unter den Freunden. Aber so wie dem Studenten Anselmus der Geist des Getränks zu Kopfe stieg, kamen auch alle Bilder des Wunder-
20 baren Seltsamen, was er in kurzer Zeit erlebt, wieder zurück. – Er sah den Archivarius Lindhorst in seinem damastnen Schlafrock, der wie Phosphor erglänzte – er sah das azurblaue Zimmer, die goldnen Palmbäume, ja es wurde ihm wieder so zu Mute als müsse er doch an die Serpen-
25 tina glauben – es brauste, es gärte in seinem Inneren. Veronika reichte ihm ein Glas Punsch und indem er es faßte, berührte er leise ihre Hand. – Serpentina Veronika! – seufzte er in sich hinein. Er versank in tiefe Träume, aber der Registrator Heerbrand rief ganz laut: ein wunderlicher al-
30 ter Mann, aus dem niemand klug wird, bleibt er doch, der Archivarius Lindhorst – Nun er soll leben! stoßen Sie an H. Anselmus! – Da fuhr der Student Anselmus auf aus seinen Träumen und sagte, indem er mit dem Registrator Heerbrand anstieß: das kommt daher, verehrungswürdiger H.
35 Registrator, weil der H. Archivarius Lindhorst eigentlich

(franz.) Morgenkleid, weite Jacke

Wiederholungen

ein Salamander ist, der den Garten des Geisterfürsten Phosphorus im Zorn verwüstete, weil ihm die grüne Schlange davongeflogen. »Wie – was?« frug der Konrektor Paulmann. »Ja, fuhr der Student Anselmus fort, deshalb muß er nun königlicher Archivarius sein und hier in Dresden mit seinen drei Töchtern wirtschaften, die aber weiter nichts sind als kleine goldgrüne Schlänglein, die sich in Holunderbüschen sonnen, verführerisch singen und die jungen Leute verlocken wie die Sirenen*.« – Herr Anselmus – Herr Anselmus, rief der Konrektor Paulmann, rappelt's Ihnen im Kopfe? – was um des Himmels willen schwatzen Sie für ungewaschenes Zeug? »Er hat Recht, fiel der Registrator Heerbrand ein, der Kerl, der Archivarius ist ein verfluchter Salamander, der mit den Fingern feurige Schnippchen schlägt, die einem Löcher in den Überrock brennen wie glühender Schwamm. – Ja ja du hast Recht, Brüderchen Anselmus, und wer es nicht glaubt, ist mein Feind!« Und damit schlug der Registrator Heerbrand mit der Faust auf den Tisch, daß die Gläser klirrten. »Registrator! – sind Sie rasend? schrie der erboste Konrektor. – H. Studiosus – H. Studiosus, was richten Sie denn nun wieder an?« – »Ach! – sagte der Student, Sie sind auch weiter nichts als ein Vogel – ein Schuhu der die Toupees frisiert H. Kontektor!« »Was? – ich ein Vogel – ein Schuhu – ein Friseur? – schrie der Konrektor voller Zorn – Herr Sie sind toll – toll!« – »Aber die Alte kommt ihm über den Hals«, rief der Registrator Heerbrand. »Ja die Alte ist mächtig, fiel der Student Anselmus ein, unerachtet sie nur von niederer Herkunft, denn ihr Papa ist nichts als ein lumpichter Flederwisch* und ihre Mama eine schnöde Runkelrübe, aber ihre mehreste Kraft verdankt sie allerlei feindlichen Kreaturen – giftigen Kanaillen*, von denen sie umgeben.« »Das ist eine abscheuliche Verleumdung, rief Veronika mit Zornglühenden Augen, die alte Liese ist eine weise Frau und der schwarze Kater keine feindliche Kreatur, sondern ein ge-

Dem griech. Mythos zufolge mit betörendem Gesang begabte göttliche Wesen, die ihre Opfer töten

Federbüschel mit einem Stiel, Staubwedel

Halunken

bildeter junger Mann von feinen Sitten und ihr Cousin ger-
main*.« »Kann *der* Salamander fressen ohne sich den Bart
zu versengen und elendiglich darauf zu gehn«, sagte der
Registrator Heerbrand. »Nein nein! schrie der Student Anselmus, nun und nimmermehr wird er das können; und die
grüne Schlange liebt mich, denn ich bin ein kindliches Gemüt und habe Serpentina's Augen geschaut.« »Die wird
der Kater auskratzen«, rief Veronika. »Salamander – Salamander bezwingt sie Alle – Alle, brüllte der Konrektor
Paulmann in höchster Wut: – aber bin ich in einem Toll-
hause? bin ich selbst toll? – was schwatze ich denn für
wahnwitziges Zeug? – ja ich bin auch toll – auch toll!« –
Damit sprang der Konrektor Paulmann auf, riß sich die
Perücke vom Kopfe und schleuderte sie gegen die Stubendecke, daß die gequetschten Locken ächzten und im gänzlichen Verderben aufgelöst den Puder weit umher stäubten.
Da ergriffen der Student Anselmus und der Registrator
Heerbrand die Punschterrine, die Gläser, und warfen sie
jubelnd und jauchzend an die Stubendecke, daß die Scherben klirrend und klingend umhersprangen. »Vivat* Salamander – pereat* pereat die Alte – zerbrecht den Metallspiegel, hackt dem Kater die Augen aus! – Vöglein – Vöglein
aus den Lüften – Eheu – Eheu* – Salamander!« – So schrien
und brüllten die Drei wie Besessene durcheinander. Laut
weinend sprang Fränzchen davon, aber Veronika lag winselnd vor Jammer und Schmerz auf dem Sopha. Da ging die
Türe auf, alles war plötzlich still und es trat ein kleiner
Mann in einem grauen Mäntelchen herein. Sein Gesicht
hatte etwas seltsam gravitätisches und vorzüglich zeichnete sich die krummgebogene Nase, auf der eine große Brille saß, vor allen jemals gesehenen aus. Auch trug er solch
eine besondere Perücke, daß sie eher eine Federmütze zu
sein schien. »Ei schönen guten Abend, schnarrte das pos-
sierliche Männlein, hier finde ich ja wohl den Studiosum
H. Anselmus? Gehorsamste Empfehlung vom H. Archi-

(franz.) Leibli-
cher Vetter;
juristischer
Fachbegriff

(lat.) Es lebe

(lat.) es gehe
zugrunde

»Eheu – Eheu –
Evoe«:
Jubelruf beim
Fest des röm.
Weingottes
Bacchus

varius Lindhorst, und er habe heute vergebens auf den H. Anselmus gewartet, aber morgen lasse er schönstens bitten, ja nicht die gewohnte Stunde zu versäumen.« Damit schritt er wieder zur Türe hinaus und alle sahen nun wohl, daß das gravitätische Männchen eigentlich ein grauer Papagei war. Der Konrektor Paulmann und der Registrator Heerbrand schlugen eine Lache* auf, die durch das Zimmer dröhnte, und dazwischen winselte und ächzte Veronika wie von namenlosem Jammer zerrissen, aber den Studenten Anselmus durchzuckte der Wahnsinn des innern Entsetzens und er rannte bewußtlos zur Türe hinaus durch die Straßen. Mechanisch fand er seine Wohnung, sein Stübchen. Bald darauf trat Veronika friedlich und freundlich zu ihm und frug, warum er sie denn im Rausch so geängstigt habe und er möge sich nur vor neuen Einbildungen hüten, wenn er bei dem Archivarius Lindhorst arbeite. »Gute Nacht, gute Nacht mein lieber Freund«, lispelte leise Veronika und hauchte einen Kuß auf seine Lippen. Er wollte sie mit seinen Armen umfangen, aber die Traumgestalt war verschwunden und er erwachte heiter und gestärkt. Nun mußte er selbst recht herzlich über die Wirkungen des Punsches lachen, aber indem er an Veronika dachte, fühlte er sich recht von einem behaglichen Gefühl durchdrungen. Ihr allein, sprach er zu sich selbst, habe ich es zu verdanken, daß ich von meinen albernen Grillen zurückgekommen bin. – Wahrhaftig mir ging es nicht besser als jenem, welcher glaubte er sei von Glas, oder dem, der die Stube nicht verließ aus ⌐Furcht von den Hühnern gefressen zu werden⌐, weil er sich einbildete ein Gerstenkorn zu sein. Aber, so wie ich Hofrat worden, heirate ich ohne weiteres die Mademoiselle Paulmann und bin glücklich. – Als er nun Mittags durch den Garten des Archivarius Lindhorst ging, konnte er sich nicht genug wundern wie ihm das Alles sonst so seltsam und wundervoll habe vorkommen können. Er sah nichts als gewöhnliche Scherbenpflanzen*, allerlei Gera-

Der goldene Topf

nien, Myrtenstöcke u. dergl. Statt der glänzenden bunten Vögel, die ihn sonst geneckt, flatterten nur einige Sperlinge hin und her, die ein unverständliches unangenehmes Geschrei erhoben als sie den Anselmus gewahr wurden. Das blaue Zimmer kam ihm auch ganz anders vor und er begriff nicht, wie ihm das grelle Blau und die unnatürlichen goldnen Stämme der Palmbäume mit den unförmlichen blinkenden Blättern nur einen Augenblick hatten gefallen können. – Der Archivarius sah ihn mit einem ganz eignen ironischen Lächeln an und frug: Nun wie hat Ihnen gestern der Punsch geschmeckt, werter Anselmus? »Ach gewiß hat Ihnen der Papagei«, erwiderte der Student Anselmus ganz beschämt, aber er stockte, denn er dachte nun wieder daran, daß auch die Erscheinung des Papageis wohl nur Blendwerk der Befangenen Sinne gewesen. »Ei ich war ja selbst in der Gesellschaft, fiel der Archivarius Lindhorst ein, haben Sie mich denn nicht gesehen? Aber bei dem tollen Unwesen, das ihr triebt, wäre ich beinahe hart beschädigt worden; denn ich saß eben in dem Augenblick noch in der Terrine, als der Registrator Heerbrand darnach griff um sie gegen die Decke zu schleudern und mußte mich schnell in des Konrektors Pfeifenkopf retirieren*. Nun Adieu H. Anselmus! – sein Sie fleißig, auch für den gestrigen versäumten Tag zahle ich den Speziestaler, da Sie bisher so wacker gearbeitet.« »Wie kann der Archivarius nur solch tolles Zeug faseln«, sagte der Student Anselmus zu sich selbst und setzte sich an den Tisch um die Kopie des Manuskripts zu beginnen, das der Archivarius wie gewöhnlich vor ihm ausgebreitet. Aber er sah auf der Pergamentrolle so viele sonderbare krause Züge und Schnörkel durcheinander, die ohne dem Auge einen einzigen Ruhepunkt zu geben den Blick verwirrten, daß es ihm beinahe unmöglich schien das Alles genau nachzumalen. Ja bei dem Überblick des Ganzen schien das Pergament nur ein bunt geaderter Marmor oder ein mit Moosen durchsprenkelter Stein. – Er wollte

* zurückziehen

dem unerachtet das Mögliche versuchen und tunkte getrost die Feder ein, aber die Tinte wollte durchaus nicht fließen, er spritzte die Feder ungeduldig aus und – o Himmel! ein großer Klecks fiel auf das ausgebreitete Original. Zischend und brausend fuhr ein blauer Blitz aus dem Fleck und schlängelte sich krachend durch das Zimmer bis zur Decke herauf. Da quoll ein dicker Dampf aus den Wänden, die Blätter fingen an zu rauschen wie vom Sturme geschüttelt, und aus ihnen schossen blinkende Basilisken* im flakkernden Feuer herab den Dampf entzündend, daß die Flammenmassen prasselnd sich um den Anselmus wälzten. Die goldnen Stämme der Palmbäume wurden zu Riesenschlangen, die ihre gräßlichen Häupter in schneidendem Metallklange zusammenstießen und mit den geschuppten Leibern den Anselmus umwanden. »Wahnsinniger! erleide nun die Strafe dafür was du im frechen Frevel tatest!« – So rief die fürchterliche Stimme des gekrönten Salamanders, der über den Schlangen wie ein blendender Strahl in den Flammen erschien und nun sprühten ihre aufgesperrten Rachen Feuer-Katarakte* auf den Anselmus und es war als verdichteten sich die Feuerströme um seinen Körper und würden zur festen eiskalten Masse. Aber indem des Anselmus Glieder enger und enger sich zusammenziehend erstarrten, vergingen ihm die Gedanken. Als er wieder zu sich selbst kam, konnte er sich nicht regen und bewegen, er war wie von einem glänzenden Schein umgeben, an dem er sich, wollte er nur die Hand erheben oder sonst sich rühren, stieß. – Ach! er saß in einer wohlverstopften Krystallflasche auf einem Repositorium* im Bibliothekzimmer des Archivarius Lindhorst.

Aus Drache und Hahn vermischte Fabeltiere mit giftigem Atem, deren Feueraugen todbringend waren

(griech.) Wasserfall, Flut

(lat.) Regal, Büchergestell

Zehnte Vigilie

Die Leiden des Studenten Anselmus in der gläsernen Fla-
sche – Glückliches Leben der ⌈Kreuzschüler⌉ und Prakti-
kanten – Die Schlacht im Bibliothek-Zimmer des Archi-
varius Lindhorst – Sieg des Salamanders und Befreiung des
Studenten Anselmus.

Mit Recht darf ich zweifeln, daß du, günstiger Leser! jemals in einer gläsernen Flasche verschlossen gewesen sein
solltest, es sei denn, daß ein lebendiger neckhafter Traum
dich einmal mit solchem feeischen Unwesen befangen hätte. War das der Fall, so wirst du das Elend des armen Studenten Anselmus recht lebhaft fühlen; hast du aber auch
dergleichen nie geträumt, so schließt dich deine rege Phantasie mir und dem Anselmus zu Gefallen wohl auf einige
Augenblicke in das Krystall ein. – Du bist von blendendem
Glanze dicht umflossen, alle Gegenstände rings umher erscheinen dir von strahlenden Regenbogenfarben erleuchtet
und umgeben – alles zittert und wankt und dröhnt im
Schimmer – du schwimmst regungs- und bewegungslos wie
in einem festgefrornen Äther* der dich einpreßt, so daß der   Luft, Himmel
Geist vergebens dem toten Körper gebietet. Immer gewich-
tiger und gewichtiger drückt die Zentnerschwere Last deine Brust – immer mehr und mehr zehrt jeder Atemzug die
Lüftchen weg, die im engen Raum noch auf- und nieder-
wallten – deine Pulsadern schwellen auf und von gräßlicher
Angst durchschnitten zuckt jeder Nerv im Todeskampfe
blutend. – Habe Mitleid, günstiger Leser! mit dem Studenten Anselmus, den diese namenlose Marter in seinem gläsernen Gefängnisse ergriff; aber er fühlte wohl, daß der
Tod ihn nicht erlösen könne, denn erwachte er nicht aus
der tiefen Ohnmacht, in die er im Übermaß seiner Qual
versunken, als die Morgensonne in das Zimmer hell und

freundlich hinein schien und fing seine Marter nicht von Neuem an? – Er konnte kein Glied regen, aber seine Gedanken schlugen an das Glas ihn im mißtönenden Klange betäubend und er vernahm statt der Worte die der Geist sonst aus dem Innern gesprochen nur das dumpfe Brausen des Wahnsinns. – Da schrie er auf in Verzweiflung: »O Serpentina – Serpentina, rette mich von dieser Höllenqual!« Und es war als umwehten ihn leise Seufzer, die legten sich um die Flasche wie grüne durchsichtige Holunderblätter, das Tönen hörte auf, der blendende verwirrende Schein war verschwunden und er atmete freier. »Bin ich denn nicht an meinem Elende lediglich selbst Schuld, ach! habe ich nicht gegen dich selbst, holde geliebte Serpentina! gefrevelt? – habe ich nicht schnöde Zweifel gegen dich gehegt? habe ich nicht den Glauben verloren und mit ihm Alles, Alles was mich hoch beglücken sollte? – Ach du wirst nun wohl nimmer mein werden, für mich ist der goldne Topf verloren, ich darf seine Wunder nimmermehr schauen. Ach nur ein Einzigesmal möcht' ich dich sehen, deine holde süße Stimme hören, liebliche Serpentina!« – So klagte der Student Anselmus von tiefem schneidendem Schmerz ergriffen, da sagte Jemand dicht neben ihm: Ich weiß gar nicht was Sie wollen H. Studiosus, warum lamentieren Sie so über alle Maßen! – Der Student Anselmus wurde gewahr, daß neben ihm auf demselben Repositorium noch fünf Flaschen standen, in welchen er drei Kreuzschüler und zwei Praktikanten erblickte. – Ach meine Herren und Gefährten im Unglück, rief er aus, wie ist es Ihnen denn möglich so gelassen, ja so vergnügt zu sein, wie ich es an Ihren heitern Mienen bemerke? – Sie sitzen ja doch eben so gut eingesperrt in gläsernen Flaschen als ich, und können sich nicht regen und bewegen, ja nicht einmal was vernünftiges denken, ohne daß ein Mordlärm entsteht mit Klingen und Schallen und ohne daß es Ihnen im Kopfe ganz schrecklich saust und braust. Aber Sie glauben gewiß

nicht an den Salamander und an die grüne Schlange. » Sie
faseln wohl mein H. Studiosus, erwiderte ein Kreuzschüler,
nie haben wir uns besser befunden als jetzt, denn die Speziestaler, welche wir von dem tollen Archivarius erhalten
für allerlei konfuse Abschriften, tun uns wohl; wir dürfen
jetzt keine italiänische Chöre mehr auswendig lernen, wir
gehen jetzt alle Tage zu ⌈Josephs⌉ oder sonst in andere Knei-
pen, lassen uns das Doppelbier wohl schmecken, sehen
auch wohl einem hübschen Mädchen in die Augen, singen
wie wirkliche Studenten: gaudeamus igitur* und sind see-
lenvergnügt.« – Die Herren haben ganz Recht, fiel ein
Praktikant ein, auch ich bin mit Speziestalern reichlich versehen, wie hier mein teurer Kollege neben an, und spaziere
fleißig auf den ⌈Weinberg⌉ statt bei der leidigen Akten-
schreiberei zwischen vier Wänden zu sitzen. » Aber meine
besten wertesten Herren! sagte der Student Anselmus, spüren Sie es denn nicht, daß Sie Alle samt und sonders in
gläsernen Flaschen sitzen und sich nicht regen und bewegen, viel weniger umher spazieren können? « – Da schlugen
die Kreuzschüler und die Praktikanten eine helle Lache auf
und schrien: der Studiosus ist toll, er bildet sich ein in einer
gläsernen Flasche zu sitzen und steht auf der Elbbrücke
und sieht gerade hinein ins Wasser. Gehen wir nur weiter!
» Ach, seufzte der Student, die schauten niemals die holde
Serpentina, sie wissen nicht was Freiheit und Leben in
Glauben und Liebe ist, deshalb spüren sie nicht den Druck
des Gefängnisses in das sie der Salamander bannte ihrer
Torheit, ihres gemeinen Sinnes wegen, aber ich Unglückli-
cher werde vergehen in Schmach und Elend, wenn Sie, die
ich so unaussprechlich liebe, mich nicht rettet.« – Da wehte
und säuselte Serpentina's Stimme durch das Zimmer: Anselmus! – glaube, liebe, hoffe! – Und jeder Laut strahlte in
das Gefängnis des Anselmus hinein und der Krystall mußte
seiner Gewalt weichen und sich ausdehnen, daß die Brust
des Gefangenen sich regen und erheben konnte! – Immer

(lat.) »Lasst
uns also
fröhlich sein.«
Anfangszeile
eines
bekannten
Studenten-
liedes

mehr verringerte sich die Qual seines Zustandes und er merkte wohl, daß ihn Serpentina noch liebe und daß nur *sie* es sei, die ihm den Aufenthalt in dem Krystall erträglich mache. Er bekümmerte sich nicht mehr um seine leichtsinnigen Unglücksgefährten, sondern richtete Sinn und Gedanken nur auf die holde Serpentina. – Aber plötzlich entstand von der andern Seite her ein dumpfes widriges Gemurmel. Er konnte bald deutlich bemerken, daß dies Gemurmel von einer alten Kaffeekanne mit halbzerbrochenem Deckel herrührte, die ihm gegenüber auf einen kleinen Schrank hingestellt war. So wie er schärfer hinschaute, entwickelten sich immer mehr die garstigen Züge eines alten verschrumpften Weibergesichts und bald stand das Äpfelweib vom schwarzen Tor vor dem Repositorium. Die grinsete und lachte ihn an und rief mit gellender Stimme: Ei ei Kindchen! – mußt du nun ausharren? – Ins Krystall nun dein Fall! – hab' ich dir's nicht längst voraus gesagt? »Höhne und spotte nur, du verdammtes Hexenweib, sagte der Student Anselmus, du bist Schuld an Allem, aber der Salamander wird dich treffen, du schnöde Runkelrübe.« »Ho ho! erwiderte die Alte, nur nicht so stolz! Du hast meinen Söhnlein ins Gesicht getreten, du hast mir die Nase verbrannt, aber doch bin ich dir gut du Schelm, weil du sonst ein artiger Mensch warst und mein Töchterchen ist dir auch gut. Aus dem Krystall kommst du aber nun einmal nicht, wenn ich dir nicht helfe; hinauf langen zu dir kann ich nicht, aber meine Frau Gevatterin die Ratte, welche gleich über dir auf dem Boden wohnt, die soll das Brett entzweinagen auf dem du stehst, dann purzelst du hinunter und ich fange dich auf in der Schürze, damit du dir die Nase nicht zerschlägst, sondern fein dein glattes Gesichtlein erhältst und ich trage dich flugs zur Mamsell Veronika, die mußt du heiraten, wenn du Hofrat worden.« »Laß ab von mir, Satans-Geburt, schrie der Student Anselmus voller Grimm, nur deine höllischen Künste haben mich zu dem

Frevel gereizt, den ich nun abbüßen muß. – Aber geduldig ertrage ich alles denn nur hier kann ich sein, wo die holde Serpentina mich mit Liebe und Trost umfängt! – Hör' es Alte und verzweifle! Trotz biete ich deiner Macht, ich liebe ewiglich nur Serpentina – ich will nie Hofrat werden – nie die Veronika schauen die mich durch dich zum Bösen verlockt! – Kann die grüne Schlange nicht mein werden, so will ich untergehen in Sehnsucht und Schmerz! – Hebe dich weg – hebe dich weg – du schnöder ⌈Wechselbalg⌉!« – Da lachte die Alte auf, daß es im Zimmer gellte und rief: So sitze denn und verderbe, aber nun ist's Zeit ans Werk zu gehen, denn mein Geschäft hier ist noch von anderer Art. – Sie warf den schwarzen Mantel ab und stand da in ekelhafter Nacktheit, dann fuhr sie in Kreisen umher und große Folianten* stürzten hinab, aus denen riß sie Pergamentblätter und diese im künstlichen Gefüge schnell zusammenheftend und auf den Leib ziehend war sie bald wie in einen seltsamen bunten Schuppenharnisch gekleidet. Feuersprühend sprang der schwarze Kater aus dem Tintenfasse das auf dem Schreibtische stand und heulte der Alten entgegen, die laut aufjubelte und mit ihm durch die Türe verschwand. Anselmus merkte, daß sie nach dem blauen Zimmer gegangen, und bald hörte er es in der Ferne zischen und brausen, die Vögel im Garten schrien, der Papagei schnarrte: Rette – rette – Raub – Raub! – In dem Augenblick kam die Alte ins Zimmer zurück gesprungen den goldnen Topf auf dem Arm tragend und mit gräßlicher Gebehrde wild durch die Lüfte schreiend: Glück auf! – Glück auf! – Söhnlein – töte die grüne Schlange! auf, Söhnlein, auf! – Es war dem Anselmus, als höre er ein tiefes Stöhnen, als höre er Serpentina's Stimme. Da ergriff ihn Entsetzen und Verzweiflung! – Er raffte alle seine Kraft zusammen, er stieß mit Gewalt, als sollten Nerven und Adern zerspringen, gegen den Krystall – ein schneidender Klang fuhr durch das Zimmer und der Archivarius stand in

*Bücher im Folioformat (Halbbogengröße)

der Türe in seinem glänzenden damastnen Schlafrock: Hei hei Gesindel, toller Spuk – Hexenwerk – hieher – heisa! So schrie er, da richteten sich die schwarzen Haare der Alten wie Borsten empor, ihre glutroten Augen erglänzten von höllischem Feuer und die spitzigen Zähne des weiten Rachens zusammenbeißend zischte sie: frisch – frisch 'raus – zisch aus, zisch aus, und lachte und meckerte höhnend und spottend und drückte den goldnen Topf fest an sich und warf daraus Fäuste voll glänzender Erde auf den Archivarius, aber so wie die Erde den Schlafrock berührte, wurden Blumen daraus die herabfielen. Da flackerten und flammten die Lilien des Schlafrocks empor und der Archivarius schleuderte die in knisterndem Feuer brennenden Lilien auf die Hexe die vor Schmerz heulte, aber indem sie in die Höhe sprang und den pergamentnen Harnisch schüttelte, verlöschten die Lilien und zerfielen in Asche. »Frisch darauf mein Junge!« kreischte die Alte, da fuhr der Kater auf in die Luft und brauste fort nach der Türe über den Archivarius, aber der graue Papagei flatterte ihm entgegen und faßte ihn mit dem krummen Schnabel im Genick, daß rotes feuriges Blut ihm aus dem Halse stürzte, und Serpentina's Stimme rief: Gerettet! – gerettet! – Die Alte sprang voller Wut und Verzweiflung auf den Archivarius los, sie warf den Topf hinter sich und wollte die langen Finger der dürren Fäuste emporspreizend den Archivarius umkrallen, aber dieser riß schnell den Schlafrock herunter und schleuderte ihn der Alten entgegen. Da zischten und sprühten und brausten blaue knisternde Flammen aus den Pergamentblättern und die Alte wälzte sich im heulenden Jammer und trachtete immer mehr Erde aus dem Topfe zu greifen, immer mehr Pergamentblätter aus den Büchern zu erhaschen um die lodernden Flammen zu ersticken, und wenn ihr es gelang Erde oder Pergamentblätter auf sich zu stürzen verlöschte das Feuer. Aber nun fuhren wie aus dem Innern des Archivarius flackernde zischende Strahlen auf die Alte.

»Hei hei drauf und dran – Sieg dem Salamander!« dröhnte die Stimme des Archivarius durch das Zimmer und hundert Blitze schlängelten sich in feurigen Kreisen um die kreischende Alte. Sausend und brausend fuhren in wütendem Kampfe Kater und Papagei umher, aber endlich schlug der Papagei mit den starken Fittigen den Kater zu Boden und mit den Krallen ihn durchspießend und festhaltend, daß er in der Todesnot gräßlich heulte und ächzte, hackte er ihm mit dem scharfen Schnabel die glühenden Augen aus, daß der brennende Gischt heraussprützte. – Dicker Qualm strömte da empor wo die Alte zur Erde niedergestürzt unter dem Schlafrock gelegen, ihr Geheul, ihr entsetzliches schneidendes Jammergeschrei verhallte in weiter Ferne. Der Rauch, der sich mit durchdringendem Gestank verbreitet, verdampfte, der Archivarius hob den Schlafrock auf und unter demselben lag eine garstige Runkelrübe. »Verehrter H. Archivarius, hier bringe ich den überwundenen Feind«, sprach der Papagei, indem er dem Archivarius Lindhorst ein schwarzes Haar im Schnabel darreichte. »Sehr gut mein Lieber, antwortete der Archivarius, hier liegt auch meine überwundene Feindin, besorgen Sie gütigst nunmehro das Übrige; noch heute erhalten Sie als ein kleines Douceur* sechs Kokosnüsse und eine neue Brille, da wie ich sehe der Kater Ihnen die Gläser schändlich zerbrochen.« »Lebenslang der Ihrige, verehrungswürdiger Freund und Gönner!« versetzte der Papagei sehr vergnügt, nahm die Runkelrübe in den Schnabel und flatterte damit zum Fenster heraus, das ihm der Archivarius Lindhorst geöffnet. Dieser ergriff den goldnen Topf und rief stark: Serpentina, Serpentina! – Aber wie nun der Student Anselmus hoch erfreut über den Untergang des schnöden Weibes, das ihn ins Verderben gestürzt, den Archivarius anblickte, da war es wieder die hohe majestätische Gestalt des Geisterfürsten, die mit unbeschreiblicher Anmut und Würde zu ihm hinaufschaute. – »Anselmus,

(franz.)
Leckerei,
Geschenk

sprach der Geisterfürst, nicht du, sondern nur ein feindliches Prinzip, das zerstörend in dein Inneres zu dringen und dich mit dir selbst zu entzweien trachtete, war Schuld an deinem Unglauben. – Du hast deine Treue bewährt, sei frei und glücklich.« Ein Blitz zuckte durch das Innere des Anselmus, der herrliche Dreiklang der Krystallglocken ertönte stärker und mächtiger als er ihn je vernommen – seine Fibern und Nerven erbebten – aber immer mehr anschwellend dröhnte der Akkord durch das Zimmer, das Glas, welches den Anselmus umschlossen, zersprang und er stürzte in die Arme der holden lieblichen Serpentina.

Eilfte Vigilie

Des Konrektors Paulmann Unwille über die in seiner Familie ausgebrochene Tollheit – Wie der Registrator Heerbrand Hofrat worden und im stärksten Froste in Schuhen und seidenen Strümpfen einherging – Veronika's Geständnisse – Verlobung bei der dampfenden Suppenschüssel.

»Aber sagen Sie mir nur, wertester Registrator! wie uns gestern der vermaladeite Punsch so in den Kopf steigen und zu allerlei Allotriis* treiben konnte?« – Dies sprach der Konrektor Paulmann, indem er am andern Morgen in das Zimmer trat, das noch voll zerbrochener Scherben lag und in dessen Mitte die unglückliche Perücke in ihre ursprüngliche Bestandteile aufgelöset im Punsche umherschwamm. Als der Student Anselmus zur Türe herausgerannt war, kreuzten und wackelten der Konrektor Paulmann und der Registrator Heerbrand durch das Zimmer schreiend wie Besessene und mit den Köpfen aneinander rennend, bis Fränzchen den desorganisierten Papa mit vieler Mühe ins Bette brachte und der Registrator in höchster

(lat.) Unfug

Ermattung aufs Sopha sank, welches Veronika ins Schlafzimmer flüchtend verlassen. Der Registrator Heerbrand
hatte sein blaues Schnupftuch um den Kopf gewickelt, sah
ganz blaß und melancholisch aus und stöhnte: Ach werter
Konrektor, nicht der Punsch den Mamsell Veronika köstlich bereitet, nein! – sondern lediglich der verdammte Student ist an all' dem Unwesen Schuld. Merken Sie denn
nicht, daß er schon längst mente captus* ist? aber wissen
Sie denn nicht auch, daß der Wahnsinn ansteckt? – Ein
Narr macht viele; verzeihen Sie, das ist ein altes Sprüch-
wort; vorzüglich wenn man ein Gläschen getrunken, da
gerät man leicht in die Tollheit und manövriert unwillkürlich nach und bricht aus in die Exerzitia* die der verrückte
Flügelmann vormacht. Glauben Sie denn Konrektor! daß
mir noch ganz schwindlicht ist, wenn ich an den grauen
Papagei denke? – Ach was, fiel der Konrektor ein, Possen!
– es war ja der alte kleine Famulus* des Archivarii, der
einen grauen Mantel umgenommen und den Studenten
Anselmus suchte. Es kann sein, versetzte der Registrator
Heerbrand, aber ich muß gestehen, daß mir ganz miserabel zu Mute ist; die ganze Nacht über hat es so wunderlich
georgelt und gepfiffen. – Das war ich, erwiderte der Konrektor; denn ich schnarche stark. – Nun mag das sein, fuhr
der Registrator fort – aber Konrektor, Konrektor! – nicht
ohne Ursache hatte ich gestern dafür gesorgt uns einige
Fröhlichkeit zu bereiten – aber der Anselmus hat mir Alles
verdorben. – Sie wissen nicht – o Konrektor, Konrektor! –
Der Registrator Heerbrand sprang auf, riß das Tuch vom
Kopfe, umarmte den Konrektor, drückte ihm feurig die
Hand, rief noch einmal ganz herzbrechend: o Konrektor,
Konrektor! und rannte Hut und Stock ergreifend schnell
von dannen. »Der Anselmus soll mir nicht mehr über die
Schwelle, sprach der Konrektor Paulmann zu sich selbst,
denn ich sehe nun wohl, daß er mit seinem verstockten
innern Wahnsinn die besten Leute um ihr Bißchen Ver-

(lat.) des
Verstandes
beraubt,
verrückt

(lat.) Übungen

(lat.) Diener,
Gehilfe

nunft bringt; der Registrator ist nun auch geliefert – *ich habe mich bisher noch gehalten, aber der Teufel, der gestern im Rausch stark anklopfte, könnte doch wohl am Ende einbrechen und sein Spiel treiben. – Also apage Satanas*! – fort mit dem Anselmus!* – Veronika war ganz tiefsinnig geworden, sie sprach kein Wort, lächelte nur zuweilen ganz seltsam und war am liebsten allein. »Die hat der Anselmus auch auf der Seele, sagte der Konrektor voller Bosheit, aber es ist gut, daß er sich gar nicht sehen läßt, ich weiß, daß er sich vor mir fürchtet – der Anselmus, deshalb kommt er gar nicht her.« Das letzte sprach der Konrektor Paulmann ganz laut, da stürzten Veronika, die eben gegenwärtig, die Tränen aus den Augen und sie seufzte: Ach kann denn der Anselmus herkommen, der ist ja schon längst in die gläserne Flasche eingesperrt. »Wie – was? – rief der Konrektor Paulmann. Ach Gott – ach Gott, auch sie faselt schon wie der Registrator, es wird bald zum Ausbruch kommen. – Ach du verdammter abscheulicher Anselmus!« – Er rannte gleich fort zum Doktor Eckstein, der lächelte und sagte wieder: Ei Ei! – Er verschrieb aber nichts, sondern setzte dem wenigen was er geäußert noch weggehend hinzu: Nervenzufälle! – wird sich geben von selbst – in die Luft führen – spazieren fahren – sich zerstreuen – Theater – ⌈Sonntagskind – Schwestern von Prag⌉ – wird sich geben! – So beredt war der Doktor selten, dachte der Konrektor Paulmann, ordentlich geschwätzig. – Mehrere Tage und Wochen und Monate waren vergangen, der Anselmus war verschwunden, aber auch der Registrator Heerbrand ließ sich nicht sehen, bis am vierten Februar, da trat er in einem neuen modernen Kleide vom besten Tuch, in Schuhen und seidenen Strümpfen des starken Frostes unerachtet, einen großen Strauß lebendiger Blumen in der Hand, Mittags Punkt zwölf Uhr in das Zimmer des Konrektor Paulmann, der nicht wenig über seinen geputzten Freund erstaunte. Feierlich schritt der Regi-

(lat.) Weiche, Satan!

Der goldene Topf

strator Heerbrand auf den Konrektor Paulmann los, umarmte ihn mit feinem Anstande und sprach dann: Heute, an dem Namenstage ihrer lieben verehrten Mamsell Tochter Veronika, will ich denn nun alles gerade heraus sagen, was mir längst auf dem Herzen gelegen! Damals an dem unglücklichen Abende, als ich die Ingredienzen* zu dem verderblichen Punsch in der Tasche meines Matins herbeitrug, hatte ich es im Sinn eine freudige Nachricht Ihnen mitzuteilen und den glückseligen Tag in Fröhlichkeit zu feiern, schon damals hatte ich es erfahren, daß ich Hofrat worden, über welche Standeserhöhung ich jetzt das Patent cum nomine et sigillo principis* erhalten und in der Tasche trage. »Ach, ach! Herr Registr – Herr Hofrat Heerbrand, wollte ich sagen«, stammelte der Konrektor. – Aber Sie verehrter Konrektor, fuhr der nunmehrige Hofrat Heerbrand fort, Sie können erst mein Glück vollenden. Schon längst habe ich die Mamsell Veronika im Stillen geliebt und kann mich manches freundlichen Blickes rühmen, den sie mir zugeworfen und der mir deutlich gezeiget, daß sie mir wohl nicht abhold sein dürfte. Kurz verehrter Konrektor! – ich der Hofrat Heerbrand bitte um die Hand ihrer liebenswürdigen Demoiselle Tochter Veronika, die ich, haben Sie nichts dagegen, in kurzer Zeit heimzuführen gedenke. Der Konrektor Paulmann schlug voller Verwunderung die Hände zusammen und rief.- Ei – Ei – Ei – Herr Registr – Herr Hofrat, wollte ich sagen, wer hätte das gedacht! – nun, wenn Veronika Sie in der Tat liebet, ich meines Teils habe nichts dagegen; vielleicht ist auch ihre jetzige Schwermut nur eine versteckte Verliebtheit in Sie, verehrter Hofrat! man kennt ja die Possen. – In dem Augenblick trat Veronika herein, blaß und verstört, wie sie jetzt gewöhnlich war, da schritt der Hofrat Heerbrand auf sie zu, erwähnte in wohlgesetzter Rede ihres Namenstages und überreichte ihr den duftenden Blumenstrauß nebst einem kleinen Päckchen, aus dem ihr, als sie es öffnete, ein

Bestandteile, Zutaten

(lat.) Urkunde mit Unterschrift und Siegel des Fürsten

Paar glänzende Ohrgehänge entgegenstrahlten. Eine schnelle fliegende Röte färbte ihre Wangen, die Augen blitzten lebhafter und sie rief: Ei mein Gott! das sind ja dieselben Ohrgehänge die ich schon vor mehreren Wochen trug und mich daran ergötzte? – Wie ist denn das möglich, fiel der Hofrat Heerbrand etwas bestürzt und empfindlich ein, da ich dieses Geschmeide erst seit einer Stunde in der Schloßgasse für schmähliches Geld erkaufet? – Aber die Veronika hörte nicht darauf, sondern stand vor dem Spiegel um die Wirkung des Geschmeides, das sie bereits in die kleinen Öhrchen gehängt, zu erforschen. Der Konrektor Paulmann eröffnete ihr mit gravitätischer Miene und mit ernstem Ton die Standeserhöhung Freund Heerbrands und seinen Antrag. Veronika schaute den Hofrat mit durchdringendem Blick an und sprach: Das wußte ich längst, daß Sie mich heiraten wollen – Nun es sei! – ich verspreche Ihnen Herz und Hand, aber ich muß Ihnen nur gleich – Ihnen beiden nehmlich, dem Vater und dem Bräutigam, manches entdecken was mir recht schwer in Sinn und Gedanken liegt – jetzt gleich und sollte darüber die Suppe kalt werden, die, wie ich sehe, Fränzchen so eben auf den Tisch setzt. Ohne des Konrektors und des Hofrats Antwort abzuwarten, unerachtet ihnen sichtlich die Worte auf den Lippen schwebten, fuhr Veronika fort: Sie können es mir glauben bester Vater! daß ich den Anselmus recht von Herzen liebte, und als der Registrator Heerbrand, der nunmehr selbst Hofrat worden, versicherte, der Anselmus könne es wohl zu so etwas bringen, beschloß ich, *er* und kein anderer solle mein Mann werden. Da schien es aber als wenn fremde feindliche Wesen ihn mir entreißen wollten und ich nahm meine Zuflucht zu der alten Liese, die ehemals meine Wärterin war und jetzt eine weise Frau, eine große Zauberin ist. *Die* versprach mir zu helfen und den Anselmus mir ganz in die Hände zu liefern. Wir gingen Mitternachts in der Tag- und Nachtgleiche auf den Kreuzweg, sie beschwor die höllischen Geister und mit Hülfe des schwarzen Katers brachten wir einen kleinen Metallspiegel zu Stande, in den ich, meine Gedanken auf den Anselmus richtend, nur blicken durfte um ihn ganz in Sinn und Gedanken zu beherrschen. – Aber ich bereue jetzt herzlich das Alles getan zu haben, ich schwöre allen Satanskünsten ab. Der Salamander hat über die Alte gesiegt, ich hörte ihr Jammergeschrei, aber es war keine Hülfe möglich, so wie sie als Runkelrübe vom Papagei verzehrt worden, zerbrach mit schneidendem Klange mein Metallspiegel. Veronika holte die beiden Stücke des zerbrochenen Spiegels und eine Locke aus dem Nähkästchen und beides dem Hofrat Heerbrand hinreichend fuhr sie fort: Hier nehmen Sie, geliebter Hofrat, die Stücke des Spiegels, werfen Sie sie heute Nacht um zwölf Uhr von der Elbbrücke und zwar von da, wo das ⌜Kreuz⌝ steht, hinab in den Strom, der dort nicht zugefroren, die Locke aber bewahren Sie auf treuer Brust. Ich schwöre nochmals allen Satanskünsten ab und gönne dem Anselmus herzlich sein Glück, da er nunmehr mit der grünen Schlange verbunden, die viel schöner und reicher ist als ich; ich will Sie, geliebter Hofrat, als eine rechtschaffene Frau lieben und verehren! – Ach Gott – ach Gott, rief der Konrektor Paulmann voller Schmerz, sie ist wahnsinnig, sie ist wahnsinnig – sie kann nimmermehr Frau Hofrätin werden – sie ist wahnsinnig! – Mit Nichten, fiel der Hofrat Heerbrand ein, ich weiß wohl, daß Mamsell Veronika einige Neigung für den vertrackten* Anselmus geheget und es mag sein, daß sie vielleicht in einer gewissen Überspannung sich an die weise Frau gewendet, die wie ich merke wohl niemand anders sein kann als die Kartenlegerin und Kaffeegießerin vor dem Seetor, – kurz die alte Rauerin. Nun ist auch nicht zu leugnen, daß es wirklich wohl geheime Künste gibt, die auf den Menschen nur gar zu sehr ihren feindlichen Einfluß äußern, man lieset schon davon in den Alten, was aber

unange-
nehmen

Mamsell Veronika von dem Sieg des Salamanders und von der Verbindung des Anselmus mit der grünen Schlange gesprochen, ist wohl nur eine poetische Allegorie* – gleichsam ein Gedicht, worin sie den gänzlichen Abschied von dem Studenten besungen. »Halten Sie das wofür Sie wollen, bester Hofrat! fiel Veronika ein, vielleicht für einen recht albernen Traum« – Keinesweges tue ich das, versetzte der Hofrat Heerbrand, denn ich weiß ja wohl, daß der Anselmus auch von geheimen Mächten befangen, die ihn zu allen möglichen tollen Streichen necken und treiben. Länger konnte der Konrektor Paulmann nicht an sich halten, er brach los: Halt um Gottes willen halt! haben wir uns denn etwa wieder übernommen im verdammten Punsch, oder wirkt des Anselmi Wahnsinn auf uns? Herr Hofrat, was sprechen Sie denn auch wieder für Zeug. – Ich will indessen glauben, daß es die Liebe ist die Euch in dem Gehirn spukt, das gibt sich aber bald in der Ehe, sonst wäre mir bange, daß auch *Sie* in einigen Wahnsinn verfallen verehrungswürdiger Hofrat, und würde dann Sorge tragen wegen der Deszendenz* die das Malum* der Eltern vererben könnte. – Nun ich gebe meinen väterlichen Segen zu der fröhlichen Verbindung und erlaube, daß ihr Euch als Braut und Bräutigam küsset. Dies geschah sofort und es war, noch ehe die aufgetragene Suppe kalt worden, die förmliche Verlobung geschlossen. Wenige Wochen nachher saß die Frau Hofrätin Heerbrand wirklich, wie sie sich schon früher im Geiste erblickt, in dem Erker eines schönen Hauses auf dem Neumarkt und schaute lächelnd auf die Elegants herab, die vorübergehend und herauflorgnettierend* sprachen: Es ist doch eine göttliche Frau die Hofrätin Heerbrand! – –

Marginal notes:

(lines 3–11) Sinnbild; bildhaft belebte Darstellung eines abstrakten Begriffs oder Gedankens

(lines 17–19) (lat.) Verwandtschaft, Nachkommenschaft

(lines 20–21) (lat.) Krankheit, Übel

(lines 28–31) (franz.) Lorgnette: an einem Stiel befestigte Brille

Zwölfte Vigilie

Nachricht von dem Rittergut, das der Anselmus als des Archivarius Lindhorst Schwiegersohn bezogen, und wie er dort mit der Serpentina lebt – Beschluß.

Wie fühlte ich recht in der Tiefe des Gemüts die hohe Seligkeit des Studenten Anselmus, der mit der holden Serpentina innigst verbunden nun nach dem geheimnisvollen wunderbaren Reiche gezogen war, das er für die Heimat erkannte, nach der sich seine von seltsamen Ahnungen erfüllte Brust schon so lange gesehnet. Aber in diesem Gefühl, in dem Streben, dir günstiger Leser all' die Herrlichkeiten, von denen der Anselmus umgeben, auch nur einigermaßen in Worten anzudeuten, und als ich nun die Mattigkeit jedes Ausdrucks, den ich ersonnen, mit Widerwillen wahrnahm, da erregte mir meine dürftige Umgebung, meine Befangenheit in den Armseligkeiten des kleinlichen Lebens ein recht quälendes Mißbehagen. Ich schlich wie im Traum umher, kurz ich geriet in jenen Zustand des Studenten Anselmus, den ich dir, günstiger Leser! in der vierten Vigilie beschrieben. Ich härmte mich recht ab, wenn ich die eilf Vigilien, die ich glücklich zu Stande gebracht, durchlief und nun dachte, daß es mir wohl niemals vergönnt sein werde die zwölfte als Schlußstein hinzuzufügen, denn so oft ich mich zur Nachtzeit hinsetzte um das Werk zu vollenden, war es, als hielten mir recht tückische Geister (es mochten wohl Verwandte – vielleicht Cousins germains der getöteten Hexe sein) ein glänzend poliertes Metall vor, in dem ich mein Ich erblickte, blaß, übernächtig und melancholisch wie der Registrator Heerbrand nach dem Punsch-Rausch und nach allerlei Phrasen haschend um ein nie geschautes ⌐Eldorado⌐ zu malen. – Da warf ich denn die Feder hin und eilte ins Bette um wenigstens von dem glück-

lichen Anselmus und der holden Serpentina zu träumen. So
hatte das schon mehrere Tage und Nächte gedauert, als ich
endlich ganz unerwartet von dem Archivarius Lindhorst
ein Billet* erhielt, worin er mir folgendes schrieb:

Ew. Wohlgeboren haben, wie mir bekannt worden, die
seltsamen Schicksale meines guten Schwiegersohnes, des
vormaligen Studenten, jetzigen Dichters Anselmus in
Eilf Vigilien beschrieben und quälen sich jetzt sehr ab in
der zwölften und letzten Vigilie einiges von seinem
glücklichen Leben in Atlantis zu sagen, wohin er mit
meiner Tochter auf das hübsche Rittergut, welches ich
dort besitze, gezogen. Unerachtet ich nun nicht eben
gern sehe, daß Sie mein eigentliches Wesen der Lesewelt
kund getan, da es mich vielleicht in meinem Dienst als
geh. Archivarius tausend Unannehmlichkeiten ausset-
zen, ja wohl gar im Collegio die zu ventilierende Frage
veranlassen wird: in wie fern wohl ein Salamander sich
rechtlich und mit verbindenden Folgen als Staatsdiener
eidlich verpflichten könne und in wie fern ihm überhaupt solide Geschäfte anzuvertrauen, da nach ⌈Gabalis⌉
und ⌈Swedenborg⌉ den Elementargeistern durchaus
nicht zu trauen – unerachtet nun meine besten Freunde
meine Umarmung scheuen werden, aus Furcht, ich
könnte in plötzlichem Übermut was weniges blitzen und
ihnen Frisur und Sonntagsfrack verderben – unerachtet
alles dessen, sage ich, will ich Ew. Wohlgeboren doch in
der Vollendung des Werks behilflich sein, da darin viel
Gutes von mir und von meiner lieben verheirateten
Tochter (ich wollte, ich wäre die beiden übrigen auch
schon los) enthalten. Wollen Sie daher die zwölfte Vigilie
schreiben, so steigen Sie Ihre verdammten fünf Treppen
hinunter, verlassen Sie Ihr armseliges Stübchen und
kommen Sie zu mir. Im blauen Palmbaumzimmer, das
Ihnen schon bekannt, finden Sie die gehörigen Schreibmaterialien und Sie können dann mit wenigen Worten

den Lesern kund tun was Sie geschaut, das wird besser
sein als eine weitläuftige Beschreibung eines Lebens, das
Sie ja doch nur von Hörensagen kennen. Mit Achtung
                    Ew. Wohlgeboren
                    ergebenster
                    der Salamander Lindhorst
                    p. t.* Königl. geh. Archivarius.

Abk. für lat.
»pro
tempore«:
vorläufig

Dies freilich etwas rauhe aber doch freundschaftliche Bil-
lett des Archivarius Lindhorst war mir höchst angenehm.
Zwar schien es gewiß, daß der wunderliche Alte von der
seltsamen Art, wie mir die Schicksale seines Schwiegersohnes bekannt worden, die ich, zum Geheimnis verpflichtet
dir selbst günstiger Leser! verschweigen mußte, wohl un-
terrichtet sei, aber er hatte das nicht so übel vermerkt, als
ich befürchten mußte; er bot ja selbst hülfreiche Hand mein
Werk zu vollenden und daraus konnte ich mit Recht schließen, wie er im Grunde genommen damit einverstanden sei,
daß seine wunderliche Existenz in der Geisterwelt durch
den Druck bekannt werde. Es kann sein, dachte ich, daß er
selbst die Hoffnung daraus schöpft desto eher seine beiden
noch übrigen Töchter an den Mann zu bringen, denn vielleicht fällt doch ein Funke in dieses oder jenes Jünglings
Brust der die Sehnsucht nach der grünen Schlange entzündet, welche er dann in dem Holunderbusch am Himmelfahrtstage sucht und findet. Aus dem Unglück das den Anselmus betroffen, als er in die gläserne Flasche gebannt
wurde, wird er die Warnung entnehmen, sich vor jedem
Zweifel, vor jedem Unglauben recht ernstlich zu hüten.
Punkt eilf Uhr löschte ich meine Studierlampe aus und
schlich zum Archivarius Lindhorst der mich schon auf dem
Flur erwartete. »Sind Sie da! – Hochverehrter! – nun das ist
mir lieb, daß Sie meine guten Absichten nicht verkennen –
kommen Sie nur!« –, Und damit führte er mich durch den
von blendendem Glanze erfüllten Garten in das azurblaue

Zimmer, in welchem ich den violetten Schreibtisch erblickte, an welchem der Anselmus gearbeitet. – Der Archivarius Lindhorst verschwand, erschien aber gleich wieder mit einem schönen goldnen Pokal in der Hand aus dem eine blaue Flamme hoch emporknisterte. »Hier, sprach er, brin- 5 ge ich ihnen das Lieblingsgetränk Ihres Freundes des Kapellmeisters Johannes Kreisler. – Es ist angezündeter Arrak in den ich einigen Zucker geworfen. Nippen Sie was weniges davon, ich will gleich meinen Schlafrock abwerfen und zu meiner Lust und um, während Sie sitzen und schau- 10 en und schreiben, Ihrer werten Gesellschaft zu genießen in dem Pokal auf- und niedersteigen.« »Wie es ihnen gefällig ist, verehrter H. Archivarius, versetzte ich, aber wenn ich nun von dem Getränk genießen will, werden Sie nicht –« Tragen Sie keine Sorge mein Bester, rief der Archivarius, 15 warf den Schlafrock schnell ab, stieg zu meinem nicht geringen Erstaunen in den Pokal und verschwand in den Flammen. – Ohne Scheu kostete ich, die Flamme leise weghauchend, von dem Getränk – es war köstlich!

Rühren sich nicht in sanftem Säuseln und Rauschen die 20 smaragdenen Blätter der Palmbäume wie vom Hauch des Morgenwindes geliebkost? – Erwacht aus dem Schlafe heben und regen sie sich und flüstern geheimnisvoll von den Wundern die wie aus weiter Ferne holdselige Harfentöne verkünden! – Das Azur löst sich von den Wänden und wallt 25 wie duftiger Nebel auf und nieder, aber blendende Strahlen schießen durch den Duft der sich wie in jauchzender kindischer Lust wirbelt und dreht und aufsteigt bis zur unermeßlichen Höhe die sich über den Palmbäumen wölbt. – Aber immer blendender häuft sich Strahl auf Strahl, bis in 30 hellem Sonnenglanze sich der unabsehbare Hain aufschließt in dem ich den Anselmus erblicke. – Glühende Hyazinthen und Tulipanen und Rosen erheben ihre schönen Häupter und ihre Düfte rufen in gar lieblichen Lauten dem Glücklichen zu: Wandle, wandle unter uns Geliebter 35 der du uns verstehst – unser Duft ist die Sehnsucht der Liebe – wir lieben dich und sind dein immerdar – Die goldnen Strahlen brennen in glühenden Tönen: Wir sind Feuer von der Liebe entzündet – Der Duft ist die Sehnsucht aber Feuer das Verlangen, und wohnen wir nicht in deiner Brust? wir sind ja dein eigen! Es rischeln und rauschen die dunklen Büsche – die hohen Bäume: Komme zu uns! – Glücklicher – Geliebter! – Feuer ist das Verlangen, aber Hoffnung unser kühle Schatten! wir umsäuseln liebend dein Haupt, denn du verstehst uns weil die Liebe in deiner Brust wohnet. Die Quellen und Bäche plätschern und sprudeln: Geliebter wandle nicht so schnell vorüber, schaue in unser Krystall – dein Bild wohnt in uns das wir liebend bewahren, denn du hast uns verstanden! – Im Jubelchor zwitschern und singen bunte Vögelein: Höre uns, höre uns, wir sind die Freude, die Wonne, das Entzücken der Liebe! – Aber sehnsuchtsvoll schaut Anselmus nach dem herrlichen Tempel der sich in weiter Ferne erhebt. Die künstlichen Säulen scheinen Bäume und die Kapitäler* und Gesimse Akanthusblätter*, die in wundervollen Gewinden und Figuren herrliche Verzierungen bilden. Anselmus schreitet dem Tempel zu, er betrachtet mit innerer Wonne den bunten Marmor, die wunderbar bemoosten Stufen. »Ach nein, ruft er wie im Übermaß des Entzückens, sie ist nicht mehr fern!« Da tritt in hoher Schönheit und Anmut Serpentina aus dem Innern des Tempels, sie trägt den goldnen Topf aus dem eine herrliche Lilie entsprossen. Die namenlose Wonne der unendlichen Sehnsucht glüht in den holdseligen Augen, so blickt sie den Anselmus an sprechend: Ach Geliebter! die Lilie hat ihren Kelch erschlossen – das Höchste ist erfüllt, gibt es denn eine Seligkeit die der unsrigen gleicht? Anselmus umschlingt sie mit der Inbrunst des glühendsten Verlangens – die Lilie brennt in flammenden Strahlen über seinem Haupte. Und lauter regen sich die Bäume und die Büsche und heller und freudiger jauchzen die Quellen – die

Das Kapitell ist der obere Abschluss einer Säule.

Blattförmige Verzierung an den Kapitellen korinth. Säulen

Vögel – allerlei bunte Insekten tanzen in den Luftwirbeln –
ein frohes freudiges jubelndes Getümmel in der Luft – in
den Wässern – auf der Erde feiert das Fest der Liebe! – Da
zucken Blitze überall leuchtend durch die Büsche – Dia-
manten blicken wie funkelnde Augen aus der Erde! – hohe 5
Springbäche strahlen aus den Quellen – seltsame Düfte
wehen mit rauschendem Flügelschlag daher – es sind die
Elementargeister die der Lilie huldigen und des Anselmus
Glück verkünden. – Da erhebt Anselmus das Haupt wie
vom Strahlenglanz der Verklärung umflossen! – sind es 10
Blicke? – sind es Worte? – ist es Gesang? – vernehmlich
klingt es mir: »Serpentina! – der Glaube an dich, die Liebe
hat mir das Innerste der Natur erschlossen! – Du brachtest
mir die Lilie, die aus dem Golde, aus der Urkraft der Erde,
noch ehe Phosphorus den Gedanken entzündete, entsproß 15
– sie ist die Erkenntnis des heiligen Einklangs aller Wesen
und in dieser Erkenntnis lebe ich in höchster Seligkeit immerdar. – Ja ich Hochbeglückter habe das Höchste erkannt
– ich – muß dich lieben ewiglich o Serpentina! – nimmer
verbleichen die goldnen Strahlen der Lilie, denn wie Glau- 20
ben und Liebe ist ewig die Erkenntnis.«
Die Vision, in der ich nun den Anselmus leibhaftig auf seinem Rittergute in Atlantis gesehen, verdankte ich wohl den
Künsten des Salamanders und herrlich war es, daß ich sie,
als alles wie im Nebel verloschen, auf dem Papier, das auf 25
dem violetten Tische lag, recht sauber und augenscheinlich
von mir selbst aufgeschrieben fand. – Aber nun fühlte ich
mich von jähem Schmerz durchbohrt und zerrissen. »Ach
glücklicher Anselmus, der du die Bürde des alltäglichen
Lebens abgeworfen, der du in der Liebe zu der holden Ser- 30
pentina die Schwingen rüstig rührtest und nun lebst in
Wonne und Freude auf deinem Rittergut in Atlantis! – aber
ich Armer! – bald – ja in wenigen Minuten bin ich selbst aus
diesem schönen Saal, der noch lange kein Rittergut in Atlantis ist, versetzt in mein Dachstübchen und die Armselig- 35

Der goldene Topf

keiten des bedürftigen Lebens befangen meinen Sinn und mein Blick ist von tausend Unheil wie von dickem Nebel umhüllt, daß ich wohl niemals die Lilie schauen werde.« –
Da klopfte mir der Archivarius Lindhorst leise auf die Ach-
5 sel und sprach: Still still Verehrter! klagen Sie nicht so! –
Waren Sie nicht so eben selbst in Atlantis haben Sie denn nicht auch dort wenigstens einen artigen Meierhof* als poetisches Besitztum Ihres innern Sinns? – Ist denn überhaupt des Anselmus Seligkeit etwas anderes als das Leben
10 in der Poesie, der sich der heilige Einklang aller Wesen als tiefstes Geheimnis der Natur offenbaret?

hübsches Pachtgut

Ende des Märchens

Kommentar

Zeittafel

1776 Ernst Theodor Wilhelm Hoffmann wird am 24. Januar als drittes Kind des Hofgerichts-Advokaten Christoph Ludwig Hoffmann (1736–1797) und seiner Ehefrau Louise Albertine, geb. Doerffer (1748–1796), im preußischen Königsberg geboren. Aus Verehrung für Wolfgang Amadeus Mozart (1756–1791) wandelt Hoffmann 1805 den zweiten Vornamen Wilhelm in Amadeus um.

1778 Die Eltern lassen sich scheiden. Der ältere Bruder wird dem Vater zugesprochen, Hoffmann bleibt bei seiner Mutter und wächst unter der Obhut der Doerffer'schen Familie auf.

1782 Er tritt in die reformierte Burgschule in Königsberg ein (bis 1792).

1786 Er lernt Theodor Gottlieb von Hippel (1775–1843) kennen; die Freundschaft der beiden sollte bis zu Hoffmanns Tod währen.

1790 Hoffmann erhält Musikunterricht beim Domorganisten Podbielski und Zeichenunterricht bei dem Maler Saemann. Er zeigt in beiden Künsten besondere Begabung.

1792 Er immatrikuliert sich an der juristischen Fakultät in Königsberg; hauptsächlich, um die familiäre Tradition zu wahren.

1794 Sein Freund Hippel schließt sein Jurastudium ab und verlässt Königsberg. Es beginnt ein intensiver Briefverkehr zwischen Hoffmann und ihm.

1795 Hoffmann absolviert sein erstes juristisches Examen und wird danach Auskultator (Referendar) am Gericht in Königsberg.

1796 Hoffmann wird wegen einer Liebesgeschichte mit der neun Jahre älteren und verheirateten Dora Hatt (1766–1803) in die Obhut seines Patenonkels Johann Ludwig Doerffer (1743–1803) nach Glogau gegeben. Hoffmanns Mutter stirbt am 13. März.

1797 Sein Vater stirbt am 27. April. Letztes Wiedersehen mit Dora Hatt.

1798 Hoffmann verlobt sich mit seiner Kusine Minna Doerffer (1775–1853), der jüngsten Tochter seines Onkels Johann. Mitte des Jahres legt er sein juristisches Referendarexamen ab. Über Dresden reist Hoffmann nach Berlin, wo er bei seinem Onkel Johann wohnt und Musikunterricht bei dem Komponisten Johann Friedrich Reichardt (1752–1814) nimmt.

1799 Er komponiert und verfasst das dreiaktige Singspiel *Die Maske*, welches er vergeblich zur Aufführung im königlichen Nationaltheater anbietet.

1800 Er legt sein drittes juristisches Staatsexamen ab und wird zum Assessor am Obergericht Posen ernannt.

1801 Zahlreiche Kompositionen entstehen, u. a. das in Posen aufgeführte Singspiel *Scherz, List und Rache* nach einem Text Johann Wolfgang Goethes (1749–1832). Jean Paul Friedrich Richter (1763–1825) lässt die Partitur zusammen mit einer Empfehlung Goethe zukommen.

1802 Hoffmann löst sein Verlöbnis mit Minna Doerffer. Wegen seiner Karikaturen von einflussreichen Mitgliedern der Posener Gesellschaft wird er in die polnische Kleinstadt Płock/Weichsel strafversetzt. Am 26. Juli heiratet er die Polin Maria Thekla Michaelina Rorer-Trzcińska (1778–1859); wenig später übersiedelt das Paar nach Płock. Dort widmet er sich dem Studium der Kompositionstheorie und verfasst Kirchenmusik und Klavierstücke. Er wird zum Regierungsrat ernannt.

1803 Im September erscheint die erste literarische Veröffentlichung Hoffmanns in August von Kotzebues (1761–1819) Zeitschrift *Der Freimüthige*: das *Schreiben eines Klostergeistlichen an seinen Freund in der Hauptstadt*.

1804 Im März wird Hoffmann als Regierungsrat in das damals preußische Warschau versetzt, wo er Freundschaft mit seinem späteren Biographen Julius Eduard Hitzig (1780–1849) schließt.

1805 Er lernt den Dramatiker Friedrich Ludwig Zacharias Werner (1768–1823) kennen, für den er die Bühnenmusik zu *Kreuz an der Ostsee* komponiert. Hoffmanns Tochter Cäcilia wird geboren.

1806 Nach dem Einmarsch Napoleons (1769–1821) in die Stadt Warschau am 28. November verliert Hoffmann im Zuge der Auflösung der preußischen Verwaltung seine Stellung.

1807 Hoffmann verweigert den »Ergebenheitsschwur« für Napoleon und muss die Stadt verlassen. Mischa und Cäcilia reisen zu Verwandten nach Posen. Hoffmann erkrankt schwer. Im Juni bricht er nach Berlin auf, wo er erfolglos versucht, seinen Lebensunterhalt als Künstler zu verdienen (»Hungerjahr«). Im August stirbt seine Tochter Cäcilia in Posen.

1808 Im April wird Hoffmann als Musikdirektor nach Bamberg berufen und gibt dort im Oktober ein misslungenes Debüt als Dirigent. Er legt die Orchesterleitung nieder und betätigt sich nur noch als Theaterkomponist. Er lebt nun vom privaten Musikunterricht.

1809 Das Bamberger Theater geht Bankrott. Im Februar erscheint Hoffmanns Erzählung *Ritter Gluck* in der *Allgemeinen Musikalischen Zeitung*.

1810 Unter einer neuen Theaterleitung arbeitet Hoffmann als Komponist, Kulissenmaler, Bühnenbildner, Regisseur, Dramaturg und Direktionsgehilfe. Er entdeckt sein »Alter Ego«, die Musiker-Figur Johannes Kreisler.

1811 Er entwickelt eine leidenschaftliche Zuneigung zu seiner Gesangsschülerin Julie Marc (1796–1865), der Tochter des amerikanischen Konsuls für Franken.

1812 Julies Mutter leitet die Verlobung ihrer Tochter mit einem anderen Mann ein, Hoffmann fürchtet dem Wahnsinn zu verfallen und denkt an Doppelselbstmord. Unter der neuen Direktion des Bamberger Theaters verliert er seine Stellung.

1813 Niederschrift der *Nachricht von den neuesten Schicksalen des Hundes Berganza*. Im März erhält Hoffmann ein Angebot als Kapellmeister in Dresden und Leipzig. Außerdem schließt er mit dem Bamberger Weinhändler und Verleger Carl Friedrich Kunz (1785–1849) einen Vertrag über *Die Fantasiestücke in Callot's Manier* ab. In den folgenden Monaten arbeitet er als Kapellmeister und verfasst die Oper *Undine* nach einem Text von Friedrich de la Motte Fouqué (1777–1843). Nach der Niederlage Napoleons bei Leipzig am 26./27. August zieht Hoffmann mit seiner Operntruppe zurück nach Leipzig.

1814   Hoffmann beendet das Märchen *Der goldenen Topf.* Im März beginnt er mit der Niederschrift des Romans *Die Elixiere des Teufels.* Er lebt weiterhin in großer materieller Not. Im September bietet ihm Preußen erneut eine Stelle im Staatsdienst an, zunächst allerdings ohne Bezahlung. Er arbeitet zunächst im Kammergericht Berlin und wird dann in den Kriminalsenat des Kammergerichts versetzt.

1815   Er unterhält Kontakte zu Friedrich de la Motte Fouqué, Adelbert von Chamisso (1781–1838), Clemens Brentano (1778–1842), Joseph von Eichendorff (1788–1857), Ludwig Tieck (1773–1853) und anderen Romantikern. Mit dem Schauspieler Ludwig Devrient (1784–1832) verbindet ihn eine enge Freundschaft.

1816   Im April wird der vierte und letzte Band der *Fantasiestücke in Callot's Manier* publiziert. Hoffmann avanciert in der Berliner Gesellschaft zu einem gern gesehenen Gast und zu einem gefragten Autor für die Taschenbuch- und Almanacherzählungen, die er zur Sicherung seines Broterwerbs regelmäßig und in schneller Folge abliefert. Im April wird er zum Kammergerichtsrat (mit Gehalt) ernannt. Im August findet die Uraufführung seiner Oper *Undine* statt. Der erste Teil der Erzählsammlung *Nachtstücke* (mit u. a. *Der Sandmann, Die Jesuiterkirche in G., Das Sanctus*) erscheint.

1817   Der zweite Teil der *Nachtstücke* wird veröffentlicht (mit u. a. *Das öde Haus, Das Majorat*). Hoffmann hat jetzt als Kammergerichtsrat und geschätzter Autor ein gutes Auskommen. Sein Ruhm als Komponist verblasst indes wieder. Er zieht sich mehr und mehr aus den literarischen Zirkeln und Gesellschaften zurück.

1818   Es entsteht das satirische Märchen *Klein Zaches.* Hoffmann plant die große Erzählsammlung »Die Seraphinenbrüder«, später *Die Serapions-Brüder* genannt. Im Frühjahr erkrankt er schwer. Er beendet die Erzählung *Das Fräulein von Scuderi*. Am 14. November wird die Erzählrunde »Die Serapionsbrüder«, zu der neben Hoffmann u. a. Hitzig, Karl Wilhelm Salice-Contessa (1777–1825) und David Ferdinand Koreff (1783–1851) gehören, neu gegründet.

1819 *Das Fräulein von Scuderi* erscheint in dem Almanach *Taschenbuch für das Jahr 1820. Der Liebe und Freundschaft gewidmet*. Der erste Band der *Serapions-Brüder* wird publiziert. Im Mai beginnt Hoffmann mit der Arbeit an den *Lebensansichten des Kater Murr*. Am 1. Oktober wird er zum Mitglied der »Immediat-Untersuchungs-Kommission zur Ermittlung hochverräterischer Verbindungen und anderer gefährlicher Umtriebe« berufen. In den folgenden beiden Monaten verfasst er mehrere Gutachten, in denen er die Freilassung inhaftierter »Demagogen« verlangt, was zu heftigen Auseinandersetzungen mit der preußischen Regierung führt.

1820 Hoffmann fordert mehrfach die Freilassung von Johann Friedrich Ludwig »Turnvater« Jahn (1778–1852). Im September/Oktober erscheint der dritte Band der *Serapions-Brüder*.

1821 Im Oktober rückt Hoffmann in den Oberappellations-Senat des Kammergerichts auf. Die später von der Zensur beschlagnahmte Erzählung *Meister Floh* geht an die Verleger Wilmans in Frankfurt ab.

1822 Im Januar erkrankt Hoffmann schwer. Die Erzählung *Meister Floh* wird von der preußischen Regierung beschlagnahmt. Der Polizeipräsident Carl Christoph Albert Heinrich von Kamptz († 1849) sieht die Vorwürfe wegen Verhöhnung der Demagogenverfolgung und Verrat von Amtsgeheimnissen als erwiesen an. Hippel setzt sich für den Freund ein. Im Februar diktiert Hoffmann seine Verteidigungsschrift. Im April diktiert er *Des Vetters Eckfenster*. Am 25. Juni stirbt Hoffmann.

Entstehungs- und Textgeschichte

Am 18. März 1813, dem Tag des heiligen Anselmus, schloss Ernst Theodor Amadeus Hoffmann mit dem Bamberger Verleger, Leihbibliothekar und Weinhändler Carl Friedrich Kunz (1785–1849) einen Verlagsvertrag, in dessen Folge vier Bände des Reihenwerks *Fantasiestücke in Callot's Manier. Blätter aus dem Tagebuche eines reisenden Enthusiasten* erschienen. Den 1814 publizierten dritten Band füllte allein *Der goldene Topf. Ein Mährchen aus der neuen Zeit*. Ob Hoffmann bereits in Bamberg an dem Text gearbeitet hat, lässt sich nicht mit Sicherheit beantworten. Einzig Kunz verweist darauf in einem Bericht aus dem Jahr 1835:

Kunz' Bericht »Hoffmann fand ein Jahr vor seinem Abgange von Bamberg ein Buch in meiner Bibliothek: ›*Menschliches Elend*. Aus dem Englischen des James Beresford übersetzt von Adolph Wagner. Nebst Gegenbeweisen aus den Kupfern von J. A. Kanne. 2 Theile. Baireuth, Lübeck 1810.‹, das ihn so sehr ergötzte, daß er es wohl ein halb Dutzend Mal durchlas, Auszüge daraus machte und mir mittheilte, wie in ihm durch dieses Buch der Gedanke aufgegangen sei, einen Charakter in Form einer Novelle darzustellen, der gleichsam vom Schicksal verdammt sei, wo er gehe und stehe, Unglück zu erleben und um sich zu verbreiten. Zur lebendigen Anschauung sei ihm dieser Charakter durch ein hier lebendes Original geworden, dessen Namen zu nennen, mir der Leser aber bis jetzt noch nicht zumuthen wolle. Um mir einen deutlichen Begriff zu machen, wie dieser Mann durch ein unbegreifliches Fatum bestimmt sei, auch im konventionellen Leben an sich lauter Widerwärtigkeiten zu erfahren und um sich her anzurichten, wolle er mir nur eine so eben niedergeschriebene Szene mittheilen, wo derselbe in Gesellschaft von ein paar geputzten Damen, die er am Arm führe, über den hiesigen großen, reinlichen Maximiliansplatze gehe, auf welchem sich aber nur eine einzige unbedeutende Pfütze befände; in diese *müsse* er treten, sich und die beatlasten Damen von unten bis oben bespritzend.«

Kunz fährt fort, Hoffmann habe die Erzählung vorerst vertagt, ihm aber am 19. August 1813 aus Dresden über das entstehende Märchen geschrieben. Das erst 1919 aufgefundene Original des Briefes ist somit das erste authentische Zeugnis der Beschäftigung Hoffmanns mit dem *Goldenen Topf*. In ihm breitet er seine Absichten zur Weiterführung der *Fantasiestücke in Callot's Manier* aus:

»Mich beschäftigt die Fortsetzung ungemein, vorzüglich ein *Märchen* das beynahe einen Band einnehmen wird – Denken Sie dabey nicht, Bester! an Schehezerade und Tausend und Eine Nacht – der Turban und türkische Hosen sind gänzlich verbannt – Feenhaft und wunderbar aber keck ins gewöhnliche alltägliche Leben tretend und sei[ne] Gestalten ergreifend soll das Ganze werden. So z. B. ist der Geheime Archivarius Lindhorst ein ungemeiner arger Zauberer, dessen drey Töchter in grünem Gold glänzende Schlänglein in Krystallen aufbewahrt werden, aber am H. DreyfaltigkeitsTage dürfen sie sich drei Stunden lang im HollunderBusch an Ampels Garten sonnen, wo alle Kaffee und Biergäste vorübergehn – aber der Jüngling, der im Fest[t]ags-Rock sei[ne] Buttersemmel im Schatten des Busches verzehren wollte ans morgende Collegium denkend, wird in unendliche wahnsinnige Liebe verstrickt für eine der grünen – er wird aufgeboten – getraut – bekommt zur MitGift einen goldnen Nachttopf mit Juwelen besezt – als er das erstemahl hineinpißt verwandelt er sich in einen MeerKater u. s. w. – Sie bemerken Freund! daß Gozzi und Faffner spuken!«

Hoffmanns Brief an Kunz

Nur weniges blieb wie anfangs gedacht. Die Niederschrift des Märchens begann Hoffmann seinem Tagebuch zufolge am 26. November 1813. In den Monaten zuvor aber hatte er bereits angespannt daran gearbeitet. Die Belagerung Dresdens durch die Alliierten, der Hunger, die Seuchen, die Schlacht um Dresden, in das er eingeschlossen worden war, und das weitere Kriegsgeschehen in Sachsen hinderten ihn nicht. Am 19. Oktober 1813 unterlag Napoleon in der Völkerschlacht bei Leipzig, am 17. November 1813 meldete Hoffmann an Kunz, *Der goldene Topf* sei nun fertig, müsse aber noch »ins Reine gebracht« werden. Den ersten Teil der Reinschrift schickte er am 16. Januar 1814 mit einem Begleitbrief an Kunz nach Bamberg ab:

»Ich glaube Ihnen eine Gemüthsergötzlichkeit zu bereiten, wenn

Niederschrift des Märchens

ich Ihnen anliegend die Reinschrift der ersten vier Vigilien meines Mährchens sende, das ich selbst für exotisch und in der Idee neu halte; die Idee, die ich beabsichtigt, spricht sich am Anfange der vierten Vigilie aus. Sie thäten mir einen Gefallen, wenn Sie mir diese Reinschrift zurücksendeten – wollen Sie aber schnell den Druck beginnen, so können Sie sich darauf verlassen, daß meinerseits kein Aufenthalt verursacht werden soll, da ich unausgesezt jezt arbeite. Ich bemerke aber, daß ich noch mit mir uneins bin, ob ich es bey dem Titel belasse, dann aber auf Ihr und Wetzels Urtheil submittire, ob den Vigilien nicht mit Effekt kurze Inhaltsanzeigen vorzusetzen.«

Der Titel blieb bestehen; Kunz und der Mediziner, Schriftsteller und Redakteur Friedrich Gottlob Wetzel (1779–1819), ein Bekannter Hoffmanns aus Bamberg, waren angetan, und Hoffmann trieb die Arbeit an dem Märchen voran, das er am 15. Februar 1814 schließlich vollendete, mit Glück bei Punsch, wie er anmerkt. Seine Reinschrift hat er, dem Tagebuch zufolge, am 4. März 1814 abgeschlossen und sie daraufhin versandt.

Druck des Buches Über den Druck des Buches ist wenig bekannt. Am 20. August 1814 schrieb Hoffmann an Theodor Gottlieb von Hippel (1775–1843), seinem lebenslangen Freund, er wolle ihm bald den dritten Band der *Fantasiestücke in Callot's* Manier schicken; am 28. September 1814 bat er Kunz, er möge ihm zwei bis drei Exemplare senden, sobald der Band vorliege. Im Bücherverzeichnis der Michaelismesse 1814 wies Kunz das Buch zwar schon unter »Fertig gewordene Schriften, Romane« aus, das Märchen erschien aber vermutlich erst im November, zumal Wetzel am 28. September 1813 seinem Freund Friedrich August Koehte (1781–1850) geschrieben hatte, Kunz drucke jetzt den dritten Teil der *Fantasiestücke*, um ihm jedoch erst am 9. November 1813 zu empfehlen, er solle sich sogleich den Band besorgen. Gleiches riet er tags zuvor Amalie von Voigt (1746–1840) in Weimar.

Hoffmann dagegen vermerkte am 1. November 1814 gegenüber Hippel, er habe das Buch noch immer nicht erhalten, und selbst am 27. Dezember 1814 kündigte er dem Schriftsteller Friedrich Heinrich Karl Baron de la Motte Fouqué (1777–1843), der das Libretto für Hoffmanns Oper *Undine* (1813) geschrieben hatte, das Werk nur an. Anfang 1815 lag ihm das Buch sodann wohl vor, denn Hoffmann forderte Kunz am 24. Januar 1815 auf, er möge schleunigst sechs Exemplare in Leipzig anweisen und sie ihm in Rechnung stellen.

Quellen

Zahlreiche Anregungen für die Grundidee und die Gesamtanlage des *Goldenen Topfes* schöpfte E. T. A. Hoffmann aus der europäischen Märchen- und Operntradition sowie der medizinischen und philosophischen Literatur der Zeit. In seinem Brief an Kunz vom 19. August 1813 verweist er etwa explizit auf den italienischen Dramatiker und Märchendichter Carlo Graf Gozzi (1720–1806), der als herausragender Vertreter der Commedia dell'arte eines seiner berühmten Theatermärchen, die *Fiabe teatrali* (1772), *La Donna Serpente* (1762) betitelte. Daneben ließ

Opera buffa sich Hoffmann von der Opera buffa inspirieren, deren ästhetische Grundlagen er eigens in der zeitgleich entstandenen Dialogerzählung *Der Dichter und der Komponist* erörterte, welche später in den ersten Band der *Serapions-Brüder* aufgenommen wurde. Zudem beeinflusste ihn besonders Wolfgang Amadeus

Die Zauber- Mozarts (1756–1791) *Die Zauberflöte* (1791) nach einem Lib-
flöte retto von Emanuel Schikaneder (1751–1812). Diese Oper, die Hoffmann mehrfach während seiner Arbeit am *Goldenen Topf* dirigierte, war für die Konzeption und Personenkonstellation des Märchens, für seine ästhetische Struktur und den theatralischen Gestus nachweislich von eminenter Bedeutung (vgl. Eilert 1977).

Einfluss der Den gewichtigsten Einfluss auf Hoffmann aber hatte die im spä-
Märchentradi- ten 17. Jahrhundert einmal mehr erblühte europäische Mär-
tion chentradition sowie die im 18. Jahrhundert weit verbreiteten Feenmärchen. Die bekanntesten Sammlungen waren Friedrich Immanuel Bierlings *Das Cabinet der Feen* (1761–1766) und Friedrich Justin Bertuchs (1747–1822) *Die Blaue Bibliothek aller Nationen* (1790–1800). Darüber hinaus war Hoffmann Johann Carl August Musäus' (1735–1787) *Volksmärchen der Deutschen*, Christoph Martin Wielands (1733–1813) *Dschinnistan* und Goethes (1749–1832) »Märchen« (1795) verpflichtet. Der erste Band der Märchensammlung (1812/1814) der Gebrüder Jacob (1785–1863) und Wilhelm (1786–1859) Grimm wurde 1812, der zweite 1814 vorgelegt. Entscheidend für den *Goldenen Topf* sind indessen die arabische Sammlung *Tausendundei-*

ne Nacht und die Märchen der Romantik wie Ludwig Tiecks
(1773–1853) Märchen im *Phantasus* (1812–1816) oder die
Märchen des Friedrich von Hardenberg (1772–1801), der sich
Novalis nannte.

Multiperspektivität, Aufbau, Vielschichtigkeit, Verknüpfung
mehrerer Handlungsstränge, Leitmotivik, das Erzählen eines
Entwicklungsgangs, die Reflexionen und Analysen des Erzählers rücken das Märchen zugleich in die Nähe des Entwicklungs- Entwicklungs-
romans. Anders aber als Goethe, der im *Wilhelm Meister* (1795) roman
die Sphäre der Poesie als lebensunfähig erachtete, und anders als
Novalis, der *Heinrich von Ofterdingen* (1802) geradezu als romantisches Gegenbild zur bürgerlichen Kunstdistanzierung des
Wilhelm Meister schrieb, suchte Hoffmann die Kluft zwischen
poetischer Traumwelt und bürgerlicher Wirklichkeit zu über-
brücken: Die Romantik hatte sich von der Nachahmung der
Natur und vom überkommenen Ideal der Klassik abgewandt.
Sie verschrieb sich der eigenständigen, schöpferischen Einbildungskraft, der Innenwelt. Das Märchen galt dabei als die Dichtung, die das Romantische am reinsten wiedergab. Novalis – Novalis
dem zufolge romantisieren bedeutet, dem Gewöhnlichen ein ge-
heimnisvolles Ansehen, dem Endlichen einen unendlichen Sinn
zu geben – betrachtete das Märchen gleichsam als Kanon der
Poesie. Alles Poetische, forderte er, müsse märchenhaft sein. Das
Märchen müsse die ganze Natur auf eine wunderliche Art mit
der ganzen Geisterwelt vermischen. Diesen Anspruch erfüllte
Hoffmann, die Atlantis-Vorstellung vom diesseitig erlösenden,
paradiesisch goldenen Zeitalter übernahm er indes nicht. Anders als die im *Heinrich von Ofterdingen* eingestreute Atlantis-
Mythe deutet er Atlantis ästhetisch, nicht gesellschaftlich. Entgegen Novalis rief Hoffmann nicht mehr zur Poetisierung des
gesamten Daseins auf. Die völlige Aufhebung des Realen im
märchenhaften Ideal findet bei ihm nicht mehr statt. Die Wirklichkeit besteht weiter, allein die Nähe der poetischen Welt zum
Alltag bleibt noch erhalten. Das Wunderbare kann eben allen-
falls im Rausch oder in der Ekstase der dichterischen Vision
erahnt werden, in der ein Ausgleich von innerer und äußerer
Wirklichkeit vollzogen wird. Die Poesie kann den Zwiespalt
aber nur mehr kurz überwinden, den die Romantik noch ganz

und gar schließen wollte. Fantasie und Realität durchdringen einander nicht mehr auf Dauer. Das *Märchen aus der neuen Zeit* kann als Kritik der Romantik gelesen werden, an deren Ende Hoffmann steht. Anselmus vermag noch in das poetische Traumreich Atlantis einzugehen – der Erzähler nicht.

Medizinische Literatur der Zeit Hoffmanns psychopathologische Kenntnisse, die bei der Darstellung von Anselmus' Wahnsinn zum Tragen kamen, beruhen auf seinem regen Interesse an der damaligen medizinischen Literatur und auf der um 1800 weit verbreiteten Diskussion des Irrsinns. Johann Christian Reils (1759–1813) *Ueber die Erkenntniss und Cur der Fieber* (1802) sowie seine *Rhapsodieen über die Anwendung der psychischen Curmethode auf Geisteszerüttungen* (1803), die Übersetzung der *Philosophisch-medicinischen Abhandlung über Geistesverirrungen oder Manie* (1801) von Philippe Pinel (1745–1826) und Carl Alexander Ferdinand Kluges (1782–1844) *Versuch einer Darstellung des animalischen Magnetismus als Heilmittel* (1811) waren ihm bestens vertraut; wobei besonders auf Pinel hinzuweisen ist, der Wahnsinn und Vernunft nicht als Gegensatz sah, sondern vielmehr von fließenden Übergängen zwischen beiden Bewusstseinsstadien überzeugt war. Hoffmann lernte in Bamberg überdies den Leiter des dortigen Sanatoriums, Adalbert Friedrich Marcus (1753–1816), kennen und besuchte ihn mehrmals, um sich ein Bild von der Unterbringung und Behandlung von psychisch Kranken zu machen.

Naturphiloso-phische Werke Die vielfältigen mythologisch-naturphilosophischen Spekulationen des Märchens (vgl. Bollnow 1951) zog Hoffmann insbesondere aus Johann Wilhelm Ritters (1776–1810) *Fragmente aus dem Nachlasse eines jungen Physikers* (1810) und Friedrich Wilhelm Schellings (1775–1854) *Von der Weltseele, eine Hypothese der höheren Physik zur Erklärung des allgemeinen Organismus* (1798). **F. W. Schelling** In Schellings für die Romantik maßgeblicher Naturphilosophie ist die Weltseele – ein sich in beständiger Produktivität befindliches geistiges Prinzip – gleichbedeutend mit der sich in der Natur offenbarenden Gottheit. Der bewusstlose Geist produziert aus sich die Natur. Bei der Schaffung der Natur wirkte als erste Potenz die Materie. In drei Stufen, Magnetismus, Elektrizität und chemische Prozesse, bringt sie anorganische

Produkte hervor. Als zweite Potenz erwächst die organische Welt, die als weitere Potenz das Bewusstsein der Menschen zur Folge hat. Ziel der Weltgeschichte ist die Rückkehr zum ursprünglich Göttlichen.

Die für Hoffmann bedeutsame Studie *Ansichten von der Nachtseite der Naturwissenschaft* (1808) von Gotthelf Heinrich Schubert (1780–1860), einem Schüler Schellings, spiegelt diese Naturphilosophie wider. Eine der Quellen Schuberts war wiederum der Philologe Johann Arnold Kanne (1773–1824), der seine Ansichten in *Erste Urkunden der Geschichte oder allgemeine Mythologie* (1808) darlegte. Hoffmann lernte Kanne in Dresden kennen. Die Bekanntschaft erklärt zugleich die Nähe zu Schuberts Abhandlung *Die Symbolik des Traumes*, die 1814 bei Kunz in Bamberg erst nach Beendigung des Märchens veröffentlicht worden war. Schubert nennt die Potenzen Schellings kosmische Momente, aus denen sich jeweils höhere Arten von Leben bis hin zum Menschen entwickeln. Jede Entwicklungsstufe trage dabei bereits den Keim der nächsten in sich. Sie ermöglichten dem Menschen, sich als weitere Entwicklung das Göttliche zu erschließen, dem die Poesie angehöre. In rauschhaften oder tranceartigen Zuständen, dem hypnotischen Somnambulismus, spüre der Mensch diese Entwicklungsstufe voraus und habe an ihr Teil. Hans Dahmen (1926) zufolge könne mit Schuberts *Symbolik des Traumes*, dem nach Egli (1927) die Lilie und der Jüngling Phosphorus entnommen seien, *Der goldene Topf* kommentiert werden. Das Märchen wiederhole den philosophischen Vorgang auf dichterischem Boden.

G. H. Schubert

J. A. Kanne

Erzählstrategien

Opera buffa Wegweisend für Hoffmanns Erzählweise ist seine Sicht der Opera buffa, mit der er sich während der Arbeit am *Goldenen Topf* beschäftigte und die er in *Der Dichter und der Komponist* folgendermaßen charakterisiert:

»Hier ist es nun das Phantastische, das zum Teil aus dem abenteuerlichen Schwunge einzelner Charaktere, zum Teil aus dem bizarren Spiel des Zufalls entsteht, und das keck in das Alltagsleben hineinfährt, und alles zu oberst und unterst dreht. Man muß zugestehen: Ja, es ist der Herr Nachbar, im bekannten, zimtfarbenen Sonntagskleide, mit goldbesponnenen Knöpfen, und was in aller Welt muß nur in den Mann gefahren sein, daß er sich so närrisch gebehrdet? – Denke dir eine ehrbare Gesellschaft von Vettern und Muhmen mit dem schmachtenden Töchterlein, und einige Studenten dazu, die die Augen der Cousine besingen, und vor den Fenstern auf der Guitarre spielen. Unter diese fährt der Geist Droll in neckhaftem Spuk, und nun bewegt in tollen Einbildungen, in allerlei seltsamen Sprüngen und abenteuerlichen Grimassen sich alles durcheinander. Ein besonderer Stern ist aufgegangen, und überall stellt der Zufall seine Schlingen auf, in denen sich die ehrbarsten Leute verfangen, strecken sie die Nase nur 'was weniges vor. – Eben in diesem Hineinschreiten des Abenteuerlichen in das gewöhnliche Leben, in den daraus entstehenden Widersprüchen liegt, nach meiner Meinung, das Wesen der eigentlichen Opera buffa.«

Bereits in dem Brief vom 19. August 1813 an Kunz hatte Hoffmann geschrieben, »feenhaft und wunderbar aber keck ins gewöhnliche alltägliche Leben tretend« solle *Der goldene Topf* werden. Am 4. März 1814 betonte er das Neuartige an seinem labyrinthischen Märchen noch einmal in einem weiteren Brief an seinen Bamberger Verleger, doch erst für die von 1819 an erschienenen Bände *Die Serapions-Brüder* vermochte Hoffmann seine Märchentheorie vollends im Anschluss an die Novelle *Die Brautwahl* zu umreißen:

»Sonst war es üblich, ja Regel, alles was nur Märchen hieß, ins Morgenland zu verlegen und dabei die Märchen der Dschehezerade zum Muster zu nehmen. Die Sitten des Morgenlandes nur eben berührend, schuf man sich eine Welt, die haltlos in den Lüften schwebte und vor unsern Augen verschwamm. Deshalb gerieten aber jene Märchen meistens frostig, gleichgültig und vermochten nicht den innern Geist zu entzünden und die Fantasie aufzuregen. Ich meine, daß die Basis der Himmelsleiter, auf der man hinaufsteigen will in höhere Regionen, befestigt sein müsse im Leben, so daß jeder nachzusteigen vermag. Befindet er sich dann immer höher und höher hinaufgeklettert, in einem fantastischen Zauberreich, so wird er glauben, dies Reich gehöre auch noch in sein Leben hinein, und sei eigentlich der wunderbar herrlichste Teil desselben. Es ist ihm der schöne prächtige Blumengarten vor dem Tore, in dem er zu seinem hohen Ergötzen lustwandeln kann, hat er sich nur entschlossen, die düstern Mauern der Stadt zu verlassen. Vergiß, sprach Ottmar, vergiß aber nicht, Freund Theodor! daß mancher gar nicht die Leiter besteigen mag, weil das Klettern einem verständigen gesetzten Manne nicht ziemt, mancher schon auf der dritten Sprosse schwindligt wird, mancher aber auch wohl die auf der breiten Straße des Lebens befestigte Leiter, bei der er täglich, ja stündlich vorübergeht, gar nicht bemerkt!«

Das Märchenhafte in die Gegenwart, in das alltägliche Dasein zu versetzen – allein das habe, heißt es dort weiter, auch *Tausendundeine Nacht* Leben und Wahrheit gegeben:

»All die Schuster, Schneider, Lastträger, Derwische, Kaufleute etc., wie sie in jenen Märchen vorkommen, sind Gestalten, wie man sie täglich auf den Straßen sah und da nun das eigentliche Leben nicht von Zeit und Sitte abhängt, sondern in der tieferen Bedingung ewig dasselbe bleibt und bleiben muß, so kommt es, daß wir glauben, jene Leute, denen sich mitten in der Alltäglichkeit der wunderbarste Zauber erschloß, wandelten noch unter uns. So groß ist die Macht der Darstellung in jenem ewigen Buch.«

In ebendiesem Sinne bindet Hoffmann sein Märchen an seine Gegenwart. *Der goldene Topf* ist *Ein Märchen aus der neuen Zeit*. Im Gegensatz zu den Kunstmärchen der Romantik und zum überlieferten Volksmärchen, das mit seinem Es-war-einmal in längst vergangenen Tagen oft streng geschieden von Alltag

»Wirklichkeitsmärchen«

und Wirklichkeit in einem eigenen Reich mit eigenen Gesetzen siedelt, spielt die Handlung von *Der goldene Topf* inmitten eines historisch und topographisch leicht identifizierbaren Dresden. Anders als die Kunstmärchen der Romantik von Ludwig Tieck bis Clemens Brentano (1778–1842), von Fouqué bis Novalis ist *Der goldene Topf* auf geschichtlichem Grund gebaut. Richard Benz (1908) prägte dafür den Begriff des »Wirklichkeitsmärchens«, in dem die Welt der Fantasie mit der realen Welt verschmolzen ist.

Erzählzeit und Topographie

Ein Himmelfahrtstag und der 4. Februar eines darauf folgenden Jahres – Veronikas Namenstag, der gleichzeitig der Tag ihrer Verlobung mit Heerbrand ist –, geben den zeitlichen Rahmen vor. Die Schauplätze des Märchengeschehens sind darin genau bekannt, sie gehören der unmittelbaren, damaligen Gegenwart an. Gegenüber den zumeist vagen Zeitangaben legen sie reale Szenerien einer möglichen Handlung detailgetreu fest. Das Kreuz auf der Elbbrücke oder Conradis Konditorei schaffen die Fiktion einer nachprüfbaren Märchenlandschaft, in der sich hinter der Fassade eines entlegenen, alten Hauses ein orientalischer Palast befinden oder in der ein kleines rotes Häuschen in einer engen Straße vor dem Seetor eine Hexenküche verbergen könnten. Der Handlungsraum wird auf diese Weise ambivalent, alles hat einen doppelten Boden. Der Alltag ist nur der Vorhang, durch dessen Risse das Geheimnisvolle schimmert. »Integration des Wunderbaren« nennt dies Klaus Rockenbach (1957), »Grenzverwischung« Klaus Günther Just (1963/64) und »Schwellenüberschreitung« Norbert Miller (1975).

Personen-zeichnung

Mal wird in Hoffmanns erstem Märchen so ein biederer Archivar zum zauberischen Salamander, mal ein Äpfelweib zur furchtbaren Hexe, immer aber stehen seine Figuren mitten im alltäglichen Leben. Jeder kann ihnen ständig und überall begegnen. Hoffmanns Geister haben Hausnummern. Hierzu heißt es in *Der Dichter und der Komponist*:

»Die Kunst des Dichters müßte darin bestehen, die Personen nicht allein vollkommen geründet, poetisch wahr, sondern recht aus dem gewöhnlichen Leben gegriffen, so individuell auftreten zu lassen, daß man sich augenblicklich selbst sagt: Sieh da! das ist der Nachbar, mit dem ich alle Tage gesprochen! Das ist der

Student, der alle Morgen in's Kollegium geht, und vor den Fenstern der Kusine erschrecklich seufzt u.s.w. Und nun soll das Abenteuerliche, was sie, wie in seltsamer Krise begriffen, beginnen, oder was ihnen begegnet, auf uns so wundersam wirken, als gehe ein toller Spuk durchs Leben und treibe uns unwiderstehlich in den Kreis seiner ergötzlichen Neckereien.«

Die Duplizität der Welt, ihre Spaltung in eine innere und eine äußere, könnte auf diese Weise überwunden und die angestrebte Balance vollzogen werden: Wer bloß in der Außenwelt verharrt, zählt zu den materialistisch orientierten Philistern; wer hingegen nur in der inneren Welt der reinen Fantasie lebt, dem droht der Wahnsinn des Serapion, wie in der ersten Erzählung des Sammelbandes *Die Serapions-Brüder* beschrieben: Ein Einsiedler, der in den umliegenden Wäldern von B(amberg) haust, bildet sich ein, der ägyptische Märtyrer Serapion zu sein. Tatsächlich handelt es sich um einen hochangesehenen und geistreichen Mann aus bester Familie, der sich auf dem Höhepunkt seiner diplomatischen Karriere plötzlich von allem zurückzog, um sich ganz seiner Wahnvorstellung zu widmen und diese mit größter Geistesschärfe gegen alle Zweifler zu verteidigen. Serapion lebt gänzlich in seiner Imagination; diese präsentiert sich zwar in sich als vollkommen schlüssig, bleibt aber völlig von der Wirklichkeit abgekoppelt. Wohl nennt Hoffmann Serapion einen Dichter, weil er voll und ganz an seine innere Welt glaubt, sie gleichsam mit der Seele erschaut hat, aber er attestiert ihm auch, verrückt zu sein. Einerseits steht Serapion damit für Hoffmanns Erzählprinzip, dem In-Gang-Setzen der Phantasie durch den »Hebel« der Wirklichkeit, dem nach ihm benannten serapiontischen Prinzip, das fordert, nur zu verkünden bzw. aufzuschreiben, was auch wirklich im Inneren geschaut wurde. Die poetische Wirklichkeit, die sich Serapion erfindet, kann er eben deshalb ergreifend erzählen, weil er nur zu beschreiben braucht, was er mit seinem inneren Auge erblickt. Wie Anselmus erlaubt auch ihm ein kindliches Gemüt poetischen Sinn. Andererseits aber ist er wahnsinnig, weil er die Außenwelt nicht wahrnehmen kann oder will. Beides, allzu engherzige, biedermeierliche Bürgerlichkeit wie allzu weltabgewandtes, romantisches Dichterdasein, lehnt Hoffmann in *Der goldene Topf* daher ab.

Serapion

Wirkungsgeschichte

Die *Fantasiestücke in Callot's Manier* waren das einzige selbständige Werk Hoffmanns, das zu seinen Lebzeiten eine zweite Auflage erfuhr, wobei bei der zweibändigen Neuausgabe 1819 der Titel von *Der goldene Topf* in *Der goldne Topf* geändert wurde. Das Märchen, das als das bedeutendste der *Fantasiestücke in Callot's Manier* und als zentrales Werk der deutschen Romantik gilt, wurde bei seinem Erscheinen enthusiastisch aufgenommen. Die erste bekannte Besprechung des Buches stammt von Friedrich Gottlob Wetzel, der 1815 im *Heidelbergischen Jahrbuch für Literatur* (Nr. 66, S. 1050) dem Märchen »phantastischen Reichtum«, »herrlichste Ironie« und »geistreichste Planmäßigkeit« bescheinigte. Wetzels Begeisterung teilten zahlreiche Rezensenten. In der *Allgemeinen Literatur-Zeitung* heißt es etwa, dass »die poetische Zauberwelt sehr keck und ergötzlich wie ein immer wiederkehrender Traum in die prosaische Bürgerlichkeit eingreife« (Nr. 134, Juni 1815, Sp. 296). Im *Morgenblatt für gebildete Stände* schrieb Heinrich Voß (1779–1821), dies sei das »schönste Märchen, das er je gelesen« habe. In dieser Dichtung paare sich die »kühnste und reichste Fantasie in den wunderbarsten Verbindungen mit ruhiger Besonnenheit und reifer Ueberlegung« (Beilage zur Nr. 89, Uebersicht der neuesten Literatur, Nr. 5, 12.4.1816). Die kurioseste Besprechung erschien anonym unter dem Namen »Serenus« im *Gesellschafter oder Blätter für Geist und Herz* (1. Jg., Berlin, 212./213. Blatt, 29./31.12.1817). Der Verfasser schildert in einem Brief an den Erzähler des Märchens seinen Besuch bei Hofrat Heerbrand in Dresden, bei dem er sich mit der Hofrätin Veronika über ebendas Märchen unterhält, das sie gerade liest. Eine der wenigen distanzierten Beurteilungen publizierte im Dezember 1815 die *Jenaische Allgemeine Literatur-Zeitung*, allerdings nahm dabei der Rezensent Karl Ludwig von Woltmann (1770–1817) das Märchen von seinem Verriss der *Fantasiestücke in Callot's Manier* aus.

Trotz aller Wertschätzung durch die Zeitgenossen: Hoffmanns literarisches Ansehen verfiel nach seinem Tod rasch. Zu sehr

Positive Rezeption (margin note)

H. Voß (margin note)

K. L. v. Woltmann (margin note)

begünstigte die Literatur des beginnenden Biedermeier den inneren Frieden, die gesellschaftliche Ordnung, das häusliche Glück. Vorindustrieller Realismus und Materialismus, die fortschrittlich gesinnte literarische Bewegung Junges Deutschland und die politisch-soziale Dichtung des Vormärz lösten die oft rückwärtsgewandte Romantik endgültig ab. Ludwig Börne (1786–1837) maß den Werken Hoffmanns keinen poetischen Wert mehr bei, Heinrich Heine (1797–1856) apostrophierte sie als einen »Angstschrei in zwanzig Bänden«, Joseph von Eichendorff (1788–1857) entsetzte sich über den »wüsten Flug der vom Verstand befreiten Fantasie«. Der »Gespenster-Hoffmann«, wie er genannt wurde, war mehr oder minder demodé.

Ausschlaggebend für die Sicht Hoffmanns und mithin des *Goldenen Topfes* im 19. Jahrhundert war jedoch seine Ablehnung durch Johann Wolfgang von Goethe. Nachdem ihm der schottische Essayist und Historiker Thomas Carlyle (1795–1881) eine Biographie Hoffmanns und seine Übersetzung *The Golden Pot* geschickt hatte, die er in den zweiten Band seiner vierbändigen Sammlung *German Romance. Specimens of its Chief Authors with Biographical Critical Notices* (1827) aufgenommen hatte, notierte Goethe am 21. Mai 1827 in sein Tagebuch: »Hoffmanns Leben. Den goldenen Becher angefangen zu lesen. Bekam mir schlecht: ich verwünschte die goldenen Schlängelein.« Die deutsche Ausgabe kannte Goethe vermutlich nicht. Entscheidend wirksam wurde indes seine Übertragung des umfangreichen Artikels des schottischen Romanciers Walter Scott (1771–1832) »On the Supernatural in Fictitious Composition; and Particulary on the Works of Ernest Theodore William Hoffman«, der in der ersten Nummer der *Foreign Quarterly Review* im Jahr 1827 erschienen war. Goethe entnahm dem abwägenden Beitrag allein dessen nachteiliges Ende, das er übersetzend weiter verschärfte: »Verrücktheiten eines Mondsüchtigen«, »fieberhafte Träume eines kranken Gehirns«, »Einbildungen, die ein unmäßiger Gebrauch des Opiums hervorbringt« – Goethes Auszug las sich als vernichtender Bann.

Im Gegensatz dazu prägte gerade Walter Scotts Aufsatz das Bild Hoffmanns in England, in Russland, v. a. aber in Frankreich auf vorteilhafte Weise. Ausschnitte daraus leiteten die ersten Ge-

J. W. v.
Goethes
Ablehnung

W. Scott

samtausgaben in Frankreich und Russland ein. Hoffmanns Schriften wirkten so auf zahlreiche Schriftsteller wie Alexander Puschkin (1799–1837), Nikolai Gogol (1809–1852), Fjodor Dostojewski (1821–1881), Honoré de Balzac (1799–1850), Charles Baudelaire (1821–1867), Guy de Maupassant (1850–1893), Edgar Allan Poe (1809–1849) oder Oscar Wilde (1854–1900).

Vertonungen von Hoffmanns Werke In der Musik nahmen Robert Schumann (1810–1856) mit den *Kreisleriana, op. 16* (1838), Jacques Offenbach (1819–1880) mit der Oper *Hoffmanns Erzählungen* (1881), Peter Tschaikowski (1840–1893) mit dem *Nußknacker* (1892), Ferruccio Benvenuto Busoni (1866–1924) mit *Die Brautwahl* (1912) und Paul Hindemith (1895–1963) mit der Oper *Cardillac* (1926) direkt auf Hoffmanns Werke Bezug.

Vertonungen des *Goldenen Topfes* Auch *Der goldene Topf* wurde mehrfach vertont: Bereits 1906 schrieb Walter Braunfels (1882–1954) an einer Oper gleichen Titels, die indes unvollendet blieb. Josef Krug-Waldsee (1858–1915) komponierte seine *Symphonische Dichtung, op. 51*, nach Hoffmanns fantastisch-humoristischen Märchen. 1977/78 schrieb der estnische Komponist Lepo Sumera (1950–2000) die Musik für das Ballett *Anselmus' Geschichte* nach Motiven des Märchens (Choreographie: Mai Murdma). 1989 wurde die Oper *Der goldene Topf* nach dem Libretto von Ingo Zimmermann und der Musik von Eckehard Mayer uraufgeführt.

Hoffmann als literarische Figur Hoffmann selbst wurde überdies zur literarischen Figur in Prosawerken unterschiedlichster Qualität, wie etwa in Andrej Tarkovskijs (1932–1988) Filmskizze *Hoffmanniana* (1976), Gerhard Menschings *E. T. A. Hoffmanns letzte Erzählung* (1989), Tankred Dorsts (1925–2017) Entwurf *E. T. A. Hoffmann. Ein Film* (1996), Wolfgang Helds (1933–2016) unveröffentlichtem Theaterstück *Hoffmanns Verbrennung* oder Peter Härtlings Der goldene Topf als Motiv der Dichtung (1933–2017) Roman *Hoffmann oder die vielfältige Liebe* (2001). Auch *Der goldene Topf* avancierte zum Motiv der Dichtung, sei es in *Hoffmanns Erzählungen. Aufzeichnungen eines verwirrten Germanisten* von Peter Henisch (1983) oder in Ingo Zimmermanns *Hoffmann in Dresden* (1985), sei es in Joachim Lindners *Die Frucht der bitteren Jahre* (1990) oder Brigitte Kronauers *Teufelsbrück* (2000).

Kommentar

Aspekte der Forschung

Nachdem Hoffmann bereits kurz nach seinem Tod in Deutschland fast der Vergessenheit anheim gefallen war, erfolgte seine Wiederentdeckung in der Neuromantik und im Expressionismus. Die Beschäftigung mit seinem Werk setzte sich auch in den 1920er-Jahren fort. In der positivistisch geprägten frühen Phase der Hoffmann-Forschung entstanden so eine Reihe von Untersuchungen zur literaturgeschichtlichen Einordnung des Autors, zu seinem Verhältnis zu Drama und Bühne, zu Stil, Gattung und Motivik. In den 1930er-Jahren ließ das Interesse an Hoffmann merklich nach, wobei er weder zu den faschistisch vereinnahmten noch als »entartet« betrachteten Autoren zählte. In den späten 1940er- und in den 1950er-Jahren traf sein Œuvre gleichfalls auf wenig literaturwissenschaftliche Beachtung. In der zweiten Hälfte des 20. Jahrhunderts aber zeichnete sich ein Neuansatz ab, dessen sozialpsychologischer Aspekt Franz Fühmanns (1922–1984) Essay (1979) zum *Goldenen Topf* bestimmte. Für die Betrachtung des Märchens in medizinischer Hinsicht wurden die Arbeiten Wulf Segebrechts (1978), Franz Loquais (1984) und Friedhelm Auhubers (1986) bedeutsam. Ergänzend zur älteren tiefenpsychologischen Interpretation des Märchens durch Ochsner (1936) und Jaffé (1950) beleuchtete Albert Reh (1998) den allgemeinen Zusammenhang von Psychologie und Literatur. Gegen Ende des 20. Jahrhunderts begann man, dem Einfluss Hoffmanns überhaupt auf die europäisch geprägte Weltliteratur nachzugehen. Einen Überblick über die E.T.A.-Hoffmann-Forschung im 20. Jahrhundert gewähren u. a. Gerhard R. Kaiser (1988) und Stefan Ringel (1997). Insgesamt gehört *Der goldene Topf* zu den meistinterpretierten Schriften Hoffmanns.

Die Rezeptionsgeschichte des Märchens ist daher v. a. die Geschichte seiner Interpretation. Neben den ideengeschichtlichen und strukturanalytischen Beiträgen, wie sie Otto Friedrich Bollnow (1951) und Armand de Loecker (1983) vorgelegt haben, sowie über die Untersuchungen von Erzählweise und Gattung und der Fortsetzung des positivistischen Methodenparadigmas hinaus, dem Erforschen der Biografie des Autors, der Stoff- und

Motivgeschichte, der Suche nach Stilparallelen, Vorbildern, Einflüssen und äußeren Bedingungen eines Kunstwerkes, wie sie etwa Hans-Dieter Holzhausen (1984), Heinz Hoppe (1987) oder Manfred Misch (1995) vorgenommen haben, ist das Märchen in der Forschung im wesentlichen auf drei Arten betrachtet worden: *Der goldene Topf* als Auseinandersetzung zwischen Bürgertum und Geisterwelt, als Krankheitsgeschichte des Anselmus und als Entwicklungsgeschichte des Studenten zum Dichter.

Der goldene Topf als Auseinandersetzung zwischen Bürgertum und Geisterwelt

Der Schwerpunkt der Forschung lag seit Beginn des 20. Jahrhunderts auf der Analyse und der Interpretation des Märchens in Hinblick auf die Dualität von biederem Alltag und Fabelwelt, die mit dem beständigen Wechsel von Schauplätzen und Personen das Märchen gliedert, wobei der fortwährende Kontrast der, nach Knud Willenberg (1976), »kollidierenden Realitätsebenen« ihren raschen Austausch ermöglicht: Im Widerstreit von Fantasie und Realität geht die strenge Antithetik des Beginns – den goldgrünen Schlangen wird sogleich der Sanitätsknaster des Konrektors Paulmann entgegengehalten – zunehmend verloren. Beide Welten überschneiden sich: Der Konrektor Paulmann ist mit dem Registrator Heerbrand dem Bürgerlichen verhaftet. Sie haben bezeichnenderweise keine Vornamen. Ihre Individualität ist durch ihr Amt geprägt. Sie streben nach materieller Sicherheit, nach Erfüllung sozialer Konventionen und nach Anerkennung. Im Punschrausch, in der Liebe oder im Traum können sie die fantastische Gegenwelt des Archivarius Lindhorst wenigstens erahnen. Der wiederum ist eine mythische Figur. Er ist ein Salamander, ein Elementargeist, und führt den Kampf des Guten gegen das Böse. In die Gegenwart des Märchens gebannt, trägt er indes bürgerliche Züge. Er hat einen ordentlichen Beruf, geht ins Wirtshaus und muss sich um die Versorgung seiner ledigen Töchter kümmern. Bürgertum und Geisterwelt jedoch stehen im Konflikt. Sie ringen um Anselmus. Der, allemal philiströs, ist weder Bier noch Pfeife noch blankem Speziestaler abgeneigt, durch sein linkisches Verhalten aber ist er der geordneten Sphäre entfremdet. Dies macht ihn zugänglich für den unvermittelten Einbruch des Wunderbaren in seine Welt, das ihm erstmals unter dem Holunderbusch begegnet, dem Baum der Poesie, unter dem er, entrückt, für verrückt oder bestenfalls für betrunken gehalten wird. Die scheinbar beschränkten Bürger weisen seine überbordende Begeisterung in die Schranken. Gar zu erhabenen Höhenflügen lassen sie sogleich den Guss mit kaltem Wasser folgen. Sein Hang zur Fantasie wiederum macht ihre Borniertheit deutlich. Die Alltäglichkeit der trotzdem sympathisch gezeichneten guten Bürger wird dabei zwar verhöhnt, die Traumtänzereien des Anselmus werden dadurch aber nicht überhöht oder verklärt. Mit durchgängigem Humor und ironischer Distanz, die überall in dem Märchen walten, wird Anselmus von Beginn an in ein komisches Licht gerückt. Er ist ein Tölpel, der den Spottvögeln ausgesetzt wird. Seine Tolpatschigkeit ist nicht ausschließlich Zeichen seines poetischen Gemüts. Sie ist genauso verschroben wie die wirklichkeitssatte, bourgeoise Genügsamkeit oder die grotesken Züge der mythischen Gestalten. Dennoch: Die Harmonie der Musik, die fantastischen Bilder, deren er gewahr wird, sind ein erster Hinweis auf das poetische Reich. Das Scheitern in der äußeren Welt öffnet ihm den Weg in die innere. Der negativen Welterfahrung folgt das positive poetische Initiationserlebnis, mit dem sich Caroline Fischer (1990) und Michael Kuper (1993) auseinander setzen. Die Synästhesien, die Verschmelzung der Sinneseindrücke, Stimmen wie Bilder, bringen Anselmus unbewusst die ursprüngliche Einheit allen Seins nahe, die noch in den mythischen Binnenerzählungen gegeben war. Als Dichter kann er sie dann bewusst wahrnehmen. Zugleich eröffnen sie den Konflikt, während dem er sich sowohl in die bürgerliche Veronika als auch in die poetische Serpentina verliebt. Er gipfelt im Eheversprechen an beide. Anselmus vermag sich zunächst nicht zwischen poetischer und bürgerlicher Welt zu entscheiden. Beide Seiten locken ihn, beide brauchen ihn. Veronika, mit der sich besonders Franz Fühmann beschäftigte, will ihn für sich, da sie in ihm bereits den künftigen Hofrat sieht, der ihr ein sorgenfreies und geachtetes Leben bieten wird. Um die Vorgaben ihres Standes zu erfüllen, schreckt die liebenswürdige Bürgertochter nicht vor Hexenwerk zurück. Nachdem sie Anselmus verloren hat, tröstet sie sich zielstrebig mit Heerbrand, da dieser nun Hofrat wird. Entsprechend dem vorherrschenden gesellschaftlichen Wertesystem hat Stellung einen höheren Rang denn Zuneigung. Die Liebe, die ihr Eingang in das für sie so zauberhafte wie bedrohliche Reich der Magie verschaffte, wendet sich ins Prosaische. Das Fantastische war ihr möglich, Veronika aber kehrt ins profane Leben zurück.

Der goldene Topf als Krankheitsgeschichte des Anselmus

Der zweite herausragende Aspekt der Forschung ist die Medizin. Die tiefenpsychologische Beziehung zwischen Text und Autor wurde auf der Grundlage von Sigmund Freuds (1856–1939) Studie über *Das Unheimliche* (1919) und in der Nachfolge von Carl Gustav Jung (1875–1961) von Karl Ochsner (1936) und Aniela Jaffé (1950) betrachtet. Jaffé untersuchte die Bilder und Symbole des Märchens, um den archetypischen Hintergrund der Hoffmann'schen Bilderwelt zu erhellen. Anselmus ist für sie u. a. »der positive Schatten« des Autors, der mit Anselmus die negativen Ereignisse seines Lebens verarbeitet hat. Karl Ochsner sah bereits 1936 Hoffmann als Dichter des Unbewussten – eine Sicht, die sich ebenso in der Betrachtung Alexandra Hildebrandts (1996) über die analerotischen Fantasien im *Goldenen Topf* niederschlug.

Die Betonung des medizinischen Blickwinkels, für den v. a. Friedhelm Auhuber (1986) steht, geht von der damaligen medizinisch-psychopathologischen Fachliteratur aus, an der aufgezeigt wird, wie die Entwicklung des Anselmus den dort geschilderten Stationen fortschreitenden Wahnsinns nachgebildet ist: Anselmus ist melancholisch. Die Melancholie, die bereits im 18. Jahrhundert als Gemütskrankheit gesehen wurde, äußert sich bei ihm durch Traurigkeit, Einsamkeitsbedürfnis, Weltabgewandtheit, Empfindlichkeit, überspannte Einbildungskraft, Erwartung widriger Begebenheiten und überreizte Nerven. Dichterische Genialität und melancholischer Wahn liegen traditionell eng beieinander. Die halluzinatorischen Erscheinungen unter dem Holunderbusch, auf der Elbe oder vor Lindhorsts Haus kennzeichnen die einzelnen Stufen der Krankheitsgeschichte, die über das Punschgelage in den Irrsinn führen. Anselmus durchzuckt bei dem Besäufnis der »Wahnsinn des innern Entsetzens und er lief bewußtlos zur Tür hinaus durch die Straßen«. Den Höhepunkt der Krise bildet aber sein Gefühl, in Glas eingeschlossen zu sein, das ähnlich dem vorangegangenen pathologischen Kontrollverlust ein Krankheitssymptom darstellt.

Selbstmord erscheint möglich: Die Kreuzschüler verspotten ihn, weil er sich einbildet, gefangen in der gläsernen Flasche zu sitzen, während er doch in Wahrheit auf der Elbbrücke stehe und ins Wasser starre. In dem Augenblick, in dem das Kristall zerspringt, wirft er sich Serpentina in die Arme. Schon einmal, während der Überfahrt über die Elbe, wollte er sich aus der Gondel in die Flut stürzen, da er in einer Wahnvorstellung Serpentina darin zu sehen glaubte. In seinem Inneren hatte sich ein schizophren anmutender Zwiespalt aufgetan, den er vergebens zu überwinden suchte. Der Ohnmacht nahe übersteht er den Anfall, nach der Verwandlung des Türklopfers schwinden ihm die Sinne. Selbst für Lindhorst treibt er tolles Zeug. Die schmerzhafte innere und äußere Auseinandersetzung des Anselmus leitet ihn so gesehen nicht in ein poetisches, sondern in ein scheinbares Traumreich, das ihm seine Verwirrung vorgaukelt. Das Äpfelweib hätte ihn damit nicht umsonst einen Narren gescholten.

Den dritten Interpretationsschwerpunkt bildet der Weg des Anselmus in die Welt der Schönheit und Harmonie des Poetischen, für die Serpentina steht. Die Aufmerksamkeit diesbezüglicher Analysen (Heine 1974, Kittler 1985, Oesterle 1988) richtet sich dabei auf die motivlichen, kompositorischen und theoretisch-reflexiven Momente, in denen die Dichtung, das Schreiben, die Kunst sich selbst zum Gegenstand wird. Hartmut Marhold sah 1986 im Prozess des Schreiben-Lernens sogar das zentrale Motiv des Märchens: Anselmus' Weg zu Serpentina bringt ihn von Dresden nach Atlantis. Er wandelt ihn vom Studenten zum Dichter, dessen Fantasie sich an ihr entzündet. Glaubt er an Serpentina, verändert sich ihm alles ins Wunderbare, neigt er sich Veronika zu, entwindet sich ihm die Zauberwelt: Das Haus des Archivarius Lindhorst, sonst voll von bunten Pflanzen und sprechenden Tieren, wird nichtssagend stumpf, fade und gewöhnlich. Den Zugang zum Palast, in dem er zu schreiben lernt, ermöglichten ihm seine kalligraphischen Neigungen. Er darf keinen Fehler machen. Als Kopist von Schriften aus dem Morgenland arbeitet Anselmus damit ganz in der jüdischen Tradition der Wertschätzung des Geschriebenen, die Kremer (1994) anführt, der gleichfalls auf kabbalistische Tendenzen im *Goldenen Topf* hinweist und Lindhorsts Schöpfungserzählung als alche-

Der goldene Topf als Entwicklungsgeschichte des Studenten zum Dichter

mistischen Bericht deutet. In dem Maß, in dem sich der schreibende Anselmus in seiner Liebe zu Serpentina steigert, begreift er die Vorlagen, die er überträgt. Über das blanke Abschreiben hinweg entwickelt er kreative Fähigkeiten, bis er die Texte mühelos aus sich heraus versteht. Zugleich wird er über die Buchstabenschrift, erst zu den Hieroglyphen, dann zum Koptischen, schließlich zum Sanskrit geführt, in dem nach Auffassung der Romantiker, getreu nach Friedrich Schlegel (1772–1829), der Ursprung der Poesie liegt. Die Heirat mit Serpentina besiegelt die Wandlung des Anselmus, die Lindhorst nicht ohne Eigennutz gefördert hat. Indem sich Anselmus zu ihr durchringt, befreit er sich einerseits aus dem unsichtbaren, kristallenen Gefängnis bequemer, doch langweiliger Zufriedenheit, andererseits aber trägt seine Erlösungsgeschichte zu ihrer und zur Befreiung ihrer gesamten Sippe bei.

Die Figur des auktorialen Erzählers

Anders der auktoriale Erzähler, der reisende Enthusiast. Mehrfach durchbricht er mit romantischer Ironie die Märchenillusion, um durch das Spiel im Spiel den Leser komplizenhaft in das Geschehen einzubinden. Am Ende aber wird er Teil der eigenen Fiktion. Er wird zur handelnden Figur, die mit dem Schreiben ihre liebe Not hat. Er kann die Geschichte des Anselmus nicht beenden. Er braucht, ganz bürgerlich, für die poetische Begeisterung zumindest eine gehobene Stimmung, wenn nicht handfeste Trunkenheit. Pfeifenkopf oder Punschterrine gehen mit der Erkenntnis des Fantastischen einher. Erst der Arrak, den ihm der Salamander reicht, verschafft ihm eine Vision von Atlantis. Obschon er sie in Lindhorsts Haus, an Anselmus' Schreibtisch hat, auf dem auch er alles niedergeschrieben findet, nachdem er erwacht, kann er nicht gänzlich in das poetische Reich eingehen. Er kehrt in die Alltagsrealität des Märchens zurück. Hoffmann, die Instanz hinter dem Erzähler, die das gesamte Märchen gestaltet und organisiert, verweigert ihm das Idyll. Die bürgerliche Sphäre erlischt nicht. Das Wunderbare und die Wirklichkeit bleiben gleichwertig bestehen. Als wahrhafter Dichter gehört der Erzähler der poetischen und der wirklichen Welt an, so sehr er das auch bedauern mag. Ein Rittergut kann vererbt, ein Meierhof dagegen kann nur gepachtet werden. Die Himmelsleiter in das fantastische Zauberreich ist allerdings jederzeit wieder zu besteigen. Das vorgebliche Ende des Märchens ist nicht in Sicht.

Literaturhinweise

Die Auswahlbibliografie beschränkt sich im Wesentlichen auf
die im Text erwähnten Arbeiten. Einen umfassenden Überblick über die Sekundärliteratur geben Karl Goedeke: *Grund-
riß zur Geschichte der deutschen Dichtung aus den Quellen*,
Bd. VIII, Dresden 1905, Bd. XIV., Berlin 1959, sowie Gerhard Salomon: *E. T. A. Hoffmann Bibliographie*, Berlin
1924 (Reprint Hildesheim 1963, 1983), und Jürgen Voerster:
*160 Jahre E. T. A. Hoffmann-Forschung. 1805–1965. Eine
Bibliographie mit Inhaltserfassung und Erläuterungen*, Stuttgart 1967. Neuere Sekundärliteratur listen die *Mitteilungen
der E. T. A. Hoffmann-Gesellschaft (MHG)* 9 (1962), 12
(1966), 16 (1970), 27 (1981) und die seit 1993 erscheinenden
E. T. A. Hoffmann Jahrbücher auf.

Erstdruck

*Fantasiestücke in Callot' Manier. Blätter aus dem Tagebuche
eines reisenden Enthusiasten.* Mit einer Vorrede von Jean
Paul. Bamberg 1814, 1815. Neues Leseinstitut von C. F.
Kunz. Dritter Band. 1814. 1 Bl. 273 Seiten. VII. *Der goldene
Topf. Ein Mährchen aus der neuen Zeit*

Werkausgaben

Historisch-kritische Ausgabe. Einleitungen, Anmerkungen und
Lesarten von Carl Georg von Maassen. Bd. 1–4 und 6–10
(unvollendet), München/Leipzig 1908 ff.
Werke in fünfzehn Teilen. Auf Grund der Hempelschen Ausgabe
neu hg. mit Einleitungen und Anmerkungen versehen v. Prof.
Dr. Georg Ellinger, Berlin u. a. 1912
Sämtliche Werke in sechs Bänden. Hg. v. Wulf Segebrecht u.
Hartmut Steinecke unter Mitarbeit von Gerhard Allroggen,
Ursula Segebrecht u. a., Frankfurt/M. 1985 ff.

Kunz, Carl Friedrich: *Aus dem Leben zweier Dichter: Ernst Theodor Wilhelm Hoffmann's und Friedrich Gottlob Wetzel's. Erinnerungen aus meinem Leben in biographischen Denksteinen und andern Mittheilungen.* Erster Band. E. T. A. Hoffmann und F. G. Wetzel. Hg. v. Z. Funck, Leipzig 1836

Schnapp, Friedrich (Hg.): *E. T. A. Hoffmanns Briefwechsel.* Band 1–3, München 1967 ff.

Ders. (Hg.): *E. T. A. Hoffmann in Aufzeichnungen seiner Freunde und Bekannten*, München 1974

Ders. (Hg.): *E. T. A. Hoffmann. Tagebücher.* Nach der Ausgabe Hans v. Müllers, München 1971

Sekundärliteratur

Auhuber, Friedhelm: *In einem fernen dunklen Spiegel. E. T. A. Hoffmanns Poetisierung der Medizin*, Opladen 1986

Benz, Richard: »Das romantische Wirklichkeitsmärchen«, in: *Märchen-Dichtung der Romantiker. Mit einer Vorgeschichte*, Gotha 1908, S. 142 ff.

Böhn, Andreas: »Leib, Leiche und Maschine. Wie gelangt man ins Land der Poesie?«, in: Krause, Burkhardt/Scheck, Ulrich (Hg.): *Verleiblichungen. Literatur- und kulturgeschichtliche Studien über Strategien, Formen und Funktionen der Verleiblichung in Texten von der Frühzeit bis zum »Cyberspace«*, Würzburg 1995, S. 83 ff.

Bollnow, Otto Friedrich: »*Der Goldene Topf* und die Naturphilosophie der Romantik. Bemerkungen zum Weltbild E. T. A. Hoffmanns«, in: *Die Sammlung 6* (1951); wiederabgedruckt in: ders.: *Unruhe und Geborgenheit im Weltbild neuerer Dichter*, Stuttgart 1953, S. 207 ff.

Dahmen, Hans: »E. Th. A. Hoffmann und G. H. Schubert«, in: *Literaturwissenschaftliches Jahrbuch der Görres-Gesellschaft* 1 (1926), S. 62 ff.

Egli, Gustav: *E. T. A. Hoffmann. Ewigkeit und Endlichkeit in seinem Werk*, Zürich u. a. 1927

Eilert, Heide: »Theater in der Erzählkunst. Eine Studie zum Werk E. T. A. Hoffmanns«, in: *Studien zur deutschen Literatur*. Bd. 52, Tübingen 1977

Fischer, Caroline: »*Der Goldene Topf* als Geschichte einer Initiation«, in: *Il confronto letterario* 7 (1990), S. 57 ff.

Fühmann, Franz: *Fräulein Veronika Paulmann aus der Pirnaer Vorstadt oder Etwas über das Schauerliche bei E. T. A. Hoffmann*, Rostock 1979, S. 52 ff.

Harnischfeger, Johannes: *Die Hieroglyphen der inneren Welt. Romantikkritik bei E. T. A. Hoffmann*, Wiesbaden 1988

Heine, Roland: »Die fiktionale Reduktion der Transzendentalpoesie. E. T. A. Hoffmanns Märchen *Der goldne Topf*«, in: ders.: *Transzendentalpoesie. Studien zu Friedrich Schlegel, Novalis und E. T. A. Hoffmann*, Bonn 1974 (= Abhandlungen zur Kunst-, Musik- und Literaturwissenschaft 144)

Hildebrandt, Alexandra: »Die ›Sprache‹ der Enurese. Analerotische Phantasien in E. T. A. Hoffmanns Kunstmärchen *Der goldene Topf*«, in: *Il confronto letterario* 13 (1996), S. 617 ff.

Holzhausen, Hans-Dieter: »Die Palmenbibliothek in E. T. A. Hoffmanns Märchen *Der Goldne Topf*. Einige Randbemerkungen zu ihrem Vorbild im Dom zu Königsberg/Preußen«, in: *MHG* 30 (1984), S. 34 ff.

Hoppe, Heinz: »Der Wohnort in den Sternstunden des Romantikers. E. T. A Hoffmanns Logis vor dem Tore Dresdens«, in: *MHG* 33 (1987), S. 1 ff.

Jaffé, Aniela: »Bilder und Symbole aus E. T. A. Hoffmanns Märchen *Der Goldne Topf*«, in: *C. G. Jung. Gestaltung des Unbewußten. Psychologische Abhandlungen*, Zürich 1950, S. 239 ff.

Just, Klaus Günther: »Die Blickführung in den Märchennovellen E. T. A. Hoffmanns«, in: *Wirkendes Wort* 14 (1963/64), S. 389 ff.; wiederabgedruckt in: Prang, Helmut (Hg.): *E. T. A. Hoffmann. Wege der Forschung*. Bd. 486, Darmstadt 1976, S. 292 ff.

Kaiser, Gerhard R.: *E. T. A. Hoffmann. Realien zur Literatur*, Stuttgart 1988

Katritzky, Linde: »Punschgesellschaft und Gemüsemarkt in Lichtenbergs Hogarth-Kommentaren und bei E. T. A. Hoffmann«, in: *Jahrbuch der Jean-Paul-Gesellschaft* 22 (1987), S. 155 ff.

Kittler, Friedrich A.: *Aufschreibesysteme 1800/1900*, München 1985

Ders.: »Autorschaft und Liebe«, in: ders. (Hg.): *Austreibung des Geistes aus den Geisteswissenschaften. Programm des Poststrukturalismus*, Paderborn 1980, S. 142 ff.

Klotz, Volker: *Das europäische Kunstmärchen. Fünfundzwanzig Kapitel seiner Geschichte von der Renaissance bis zur Moderne*, Stuttgart 1985, S. 196 ff.

Kremer, Detlef: »Alchemie und Kabbala. Hermetische Referenzen im *Goldenen Topf*«; in: *E. T. A. Hoffmann Jahrbuch* 2 (1994), S. 36 ff.

Kuper, Michael: »Auf den Spuren des Phantastischen. Die Semiotik der Initiation als künstlerische Grundstruktur in E. T. A. Hoffmanns *Der goldne Topf*«, in: *Phantasie und Phantastik* 1993, S. 75 ff.

Kupfer, Alexander: *Die künstlichen Paradiese. Rausch und Realität seit der Romantik. Ein Handbuch*, Stuttgart u. a. 1996, S. 479 ff.

Loecker, Armand de: *Zwischen Atlantis und Frankfurt. Märchendichtung und Goldenes Zeitalter bei E. T. A. Hoffmann*, Frankfurt/M. u. a. 1983, S. 26 ff.

Loquai, Franz: *Künstler und Melancholie in der Romantik*, Frankfurt/M. 1984

Marhold, Hartmut: »Die Problematik dichterischen Schaffens in E. T. A. Hoffmanns Erzählung *Der goldne Topf*«, in: *MHG* 32 (1986), S. 50 ff.

Miller, Norbert: »E. T. A. Hoffmanns doppelte Wirklichkeit. Zum Motiv der Schwellenüberschreitung in seinen Märchen«, in: *Literaturwissenschaft und Geschichtsphilosophie. Festschrift Wilhelm Emrich*, Berlin u. a. 1975, S. 357 ff.

Misch, Manfred: »Pandora in Dresden. Spuren Platons, Plotins und Goethes in E. T. A. Hoffmanns *Der goldne Topf*«, in: *Aurora* 55 (1995), S. 137 ff.

Mülher, Robert: »Leitmotiv und dialektischer Mythos in E. T. A. Hoffmanns *Der goldne Topf*«, in: *MHG* 1, Heft 2/3 (1940), S. 65 ff.

Mühlher, Robert: »Liebestod und Spiegelmythe in E. T. A. Hoffmanns Märchen *Der goldne Topf*«, in: *Zeitschrift für deutsche Philologie* 67 (1942), S. 21 ff.

Ochsner, Karl: *E. T. A. Hoffmann als Dichter des Unbewußten. Ein Beitrag zur Geistesgeschichte der Romantik*, Frauenfeld/Leipzig 1936

Oesterle, Günter: »E. T. A. Hoffmann: *Der goldne Topf*«, in: *Erzählungen und Novellen des 19. Jahrhunderts. Interpretationen.* Bd. 1, Stuttgart 1988, S. 181 ff.

Oesterle, Günter: »Arabeske, Schrift und Poesie in E. T. A. Hoffmanns Kunstmärchen *Der goldne Topf*«, in: *Athenäum. Jahrbuch für Romantik* 1 (1991), S. 69 ff.

Ohl, Hubert: *Der reisende Enthusiast. Studien zur Haltung des Erzählers in den »Fantasiestücken« E. T. A. Hoffmanns.* Diss. Frankfurt 1955

Piechotta, Hans Joachim: »Atlantis. Hoffmanns Poetik dargestellt am Statusproblem höherer Welten im *Goldnen Topf*«, in: Hilmes, Carola/Mathy, Dietrich (Hg.): *Die Dichter lügen nicht. Über Erkenntnis, Literatur und Leser.* Gedenkschrift für Hans Joachim Piechotta, Würzburg 1995, S. 129 ff.

Pikulik, Lothar: »Anselmus in der Flasche. Kontrast und Illusion in E. T. A. Hoffmanns *Der goldne Topf*«, in: *Euphorion* 63 (1969), S. 341 ff.

Preisendanz, Wolfgang: *Humor als dichterische Einbildungskraft. Studien zur Erzählkunst des poetischen Realismus*, München 1963

Reh, Albert: *Literatur und Psychologie*, Berlin 1998, S. 202 ff.

Ringel, Stefan: *Realität und Einbildungskraft im Werk E. T. A. Hoffmanns*, Köln u. a. 1997

Rockenbach, Klaus: *Bauformen romantischer Kunstmärchen. Eine Studie zur epischen Integration des Wunderbaren bei E. T. A. Hoffmann.* Diss. Bonn 1957

Schindler, Susan/Wolf, Steffi: »Rausch und Berauschung. E. T. A. Hoffmanns *Goldner Topf*«, in: *Welfengarten. Jahrbuch für Essayismus* 3 (1993), S. 138 ff.

Schmidt, Jochen: *Der goldne Topf als dichterische Entwicklungsgeschichte.* Nachwort zu der Ausgabe Frankfurt/M. 1981, S. 145 ff.

Schmitz-Emans, Monika: »Wasserfrauen und Elementargeister als poetologische Chiffren«, in: Pott, Hans-Georg (Hg.): *Liebe und Gesellschaft. Das Geschlecht der Musen*, München 1997, S. 198 ff.

Segebrecht, Wulf: »Krankheit und Gesellschaft. Zu E. T. A. Hoffmanns Rezeption der Bamberger Medizin«, in: Brinkmann, Richard (Hg.): *Romantik in Deutschland. Ein interdisziplinäres Symposion*, Stuttgart 1978, S. 267 ff.

Stadler, Ulrich: »*Der goldne Topf*«, in: ders./Brigitte Feldges: *E. T. A. Hoffmann. Epoche – Werk – Wirkung*, München 1986, S. 64 ff.

Stegmann, Ingrid: »Die Wirklichkeit des Traums bei E. T. A. Hoffmann«, in: *Zeitschrift für deutsche Philologie* 95 (1976), S. 64 ff.

Steinecke, Hartmut: »*Der goldene Topf* – ein artistisches Märchen«, in: ders.: *Unterhaltsamkeit und Artistik. Neue Schreibarten in der deutschen Literatur von Hoffmann bis Heine*, Berlin 1998

Strohschneider-Kohrs, Ingrid: »Die romantische Ironie in der Erzählkunst«, in: *Die romantische Ironie in Theorie und Gestaltung*, Tübingen 1960, S. 337 ff.

Tapp, Patricia: *E. T. A. Hoffmann und die Faszination romantischer Medizin*. Diss. Düsseldorf 1996

Vitt-Maucher, Gisela: *E. T. A. Hoffmanns Märchenschaffen. Kaleidoskop der Verfremdung in seinen sieben Märchen*, Chapel Hill/London 1989, S. 18 ff.

Willenberg, Knud: »Die Kollision verschiedener Realitätsebenen als Gattungsproblem in E. T. A. Hoffmanns *Der goldne Topf*«, in: *Zeitschrift für deutsche Philologie* 95. Hoffmann-Sonderheft 1976, S. 93 ff.

Würl, Paul-Wolfgang: »Hoffmanns Märchentheorie und *Die Erzählungen aus den Tausendundein Nächten*«, in: MHG 10 (1963). S. 20 ff.

Wort- und Sacherläuterungen

9.1 **Vigilie:** (lat.) Nachtwache. Nachtoffizium innerhalb des mönchischen Stundengebets. Miguel de Cervantes Saavedra (1547–1616) bezeichnet im *Don Quijote* (1606/1614) die Schreibsituation als »Nachtwachen«. Ebenso klingen die 1804 anonym erschienenen *Nachtwachen* von Bonaventura und *Der hinkende Teufel* (1707) des Alain René Lesage (1668–1747) an. Die Zahl der Vigilien verweist auf die Nachtstunden. »Nacht« ist ein wichtiger Begriff der Naturphilosophie Schuberts und der romantischen Medizin.

9.2 *Anselmus:* Anselmus ist einer der kath. Kalenderheiligen des 18. März; dies war zugleich das Datum des Geburtstages von Hoffmanns Gesangsschülerin Julia Marc (1796–1865), in die er sich in Bamberg unglücklich verliebt hatte. Unter ebendem Datum erfolgte der Vertragsabschluss zwischen Hoffmann und Kunz über die *Fantasiestücke in Callot's Manier.* Die kath. Kirche verehrt ebenso den heiligen Anselm von Canterbury (1033–1109), der am 21. April Namenstag hat; auf ihn geht der Grundsatz »Credo ut intelligam« zurück: »Ich glaube, um zu erkennen«, was so viel heißt, wie der Verstand soll den Glauben beleuchten und ordnen. Ikonographisch wird Anselm von Canterbury häufig mit einem Buch oder einer Feder dargestellt. Seine spekulative Begabung und mystische Frömmigkeit machten ihn zum Ahnherrn mittelalterlicher Scholastik und Mystik. Vom Dichter Anselmus ist nur der Vor-, vom Beamten Heerbrand nur der Nachname bekannt. Die Initialen A. und H. werden als autobiographisches Moment, Amadeus Hoffmann, gedeutet; beide Namen stünden so für Zwiespalt und Einheit des Dichters mit dem Beamten. In Hoffmanns Erzählung *Erscheinungen* heißt die Hauptfigur ebenfalls Anselmus. – Wesentliche Züge des Anselmus verdankte Hoffmann James Beresfords (1764–1840) Werk *The Miseries of Human Life; or, the Groans of Samuel Sensitive and Timothy Testy [...]* (1806; dt.: *Menschliches Elend*, 1810), in dem Unglücksfälle erzählt und anekdotisch ausgeschmückt werden. Weitere Anregungen für die Ungeschicklichkeit des Anselmus hat er womöglich in der »Selbstdarstellung eines unglücklichen Theologie-Stundenten« gefunden, die in *Der junge Antihypochondriacus* (1798) erschienen war.

Des Konrektors Paulmann [. . .] die goldgrünen Schlan- 9.2–4
gen.: Die Inhaltsanzeigen der Vigilien verweisen häufig auf die Dualität von Fantastischem und Gewöhnlichem, auf die Doppeldeutigkeit der Erscheinungen. Die Perspektiven überschneiden sich. Die herkömmliche Funktion der Überschrift wird oft gewollt komisch nicht erfüllt, wie etwa beim Studenten Anselmus, der niemandem begegnete.

Sanitätsknaster: In der Studentensprache ein billiger Tabak. 9.3
Ursprünglich stand Knaster für feinen Varinastabak. Knaster ist vom span. »canasto«, »Rohr« bzw. »Korb« abgeleitet, weil Tabak früher in Rohrkörben verschickt wurde.

schwarze Tor: Es befand sich im NW der Dresdener Neustadt 9.6
und wurde 1812 abgerissen. Jaffé (1950, S. 289) deutet das Tor als Grenze zum »Reich des Unbewußten«. Indem Anselmus hindurchrennt, ist er, seine »Himmelfahrt« beginnend, bereits auf dem Weg nach Atlantis, zugleich aber führte das Tor zum Linkischen Bade. Fakt und Fiktion werden so wechselseitig vermischt. Viele der im Märchen angegeben Orte sind auf dem damaligen Stadtplan Dresdens zu finden. Die Wohnorte der Figuren bleiben jedoch ungenau.

Korb: In Beresfords *Menschliches Elend* (1810, S. 124 f.) wird 9.7
beschrieben, wie jemand einen Korb Fische umwirft und ihm das Fischweib die Meinung sagt. Die Äpfel verweisen auf den Sündenfall, den Verlust des Paradieses, in dem Wunderbares und Realität noch eine Einheit bildeten.

Krystall: Der Kristall steht oft für Eis, Kälte, Eingeschlossen- 9.20
sein. Er kann aber auch als Kristallglöckchen mit Schönem verbunden sein. Die Kristallkugel hat okkulte Eigenschaften. Sie dient dem Wahrsagen. Kristallseherei wurde 1661 in der Polizei-, Hochzeits-, Kleider-, Gesinde- und Handwerksordnung für Sachsen als Teufelswerk verboten. Intensives Betrachten geschliffener oder irisierender Gegenstände kann in Trance versetzen. Der Kristall ist als Attribut des Wunderbaren leitmotivisch dem Umfeld Lindhorsts und Serpentinas zugeordnet. Das Motiv ist mit dem des Spiegels verwandt, der mit dem goldenen Topf oder Lindhorsts Ringstein sowohl positiv als auch mit dem He-

xenkessel oder Veronikas Metallspiegel negativ besetzt sein kann.

10.16 **Linkischen Bade**: Beliebtes, elbaufwärts, durch das Schwarze Tor und eine Allee erreichbares Gartenlokal, das Hoffmann des Öfteren besuchte.

11.6 **Holunderbaume**: Der Holunderbaum gilt im Volksglauben als heilkräftiger Lebensbaum, der daher gern in Häusernähe gepflanzt wird. Doch wird er auch als Baum des Todes angesehen und wurde deshalb häufig auf Friedhöfen gesetzt. In seinen Ästen sollen die Seelen der Verstorbenen wohnen, und seinem Blütenduft wird magische Wirkung zugeschrieben. Ritter vom Strahl trifft das somnambule Käthchen von Heilbronn in Heinrich von Kleists (1777–1811) gleichnamigem Schauspiel (1810) unter einem Holunderbaum. Hoffmann wirkte als Bühnenbildner an dessen Bamberger Erstaufführung 1812 mit. Käthchen war in Hoffmanns Tagebuch die Chiffre für Julia Marc.

11.12 **das herrliche Dresden**: E. T. A. Hoffmann schrieb am 13. Juli 1813 an seinen Bamberger Bekannten und Arzt Friedrich Speyer (1780–1839): »In Dresden wohne ich – auf dem Lande! – d. h. vor dem schwarzen Thore auf dem Sande in einer Allee, die nach dem Linkischen Bade führt. Aus meinem mit Weinlaub umrankten Fenster übersehe ich einen großen Theil der herrlichen Elbgegend, d. h. jenseits des freundlichen Stroms einen Theil der sächsischen Schweiz, Königstein, Lilienstein u.s.w. Gehe ich nur zwanzig Schritte von der Thüre fort, welches ich so oft ich will in Mütze und Pantoffeln mit der Pfeife im Munde thun kann, so liegt das herrliche Dresden mit seinen Kuppeln und Thürmen vor mir ausgebreitet, und über denselben ragen die fernen Felsen des Erzgebirges hervor.«

11.20–21 **Bohnen-König**: Wer die am Dreikönigstag in einen Kuchen eingebackene Bohne findet, ist König des Tages. Er muss im folgenden Jahr ein Festmahl geben, bei dem wiederum die Bohne den Bohnenkönig bestimmt.

11.21 **Paar oder Unpaar**: Glücksspiel, bei dem zu raten ist, ob der Gegner eine gerade oder ungerade Zahl von Gegenständen in der Hand hält.

11.26 **Kümmeltürke**: Prahlhans, Großmaul; in der Studentensprache ein Student, der nicht mehr als zwei Meilen von der Universität beheimatet ist. Die Bezeichnung gilt ebenso für einen Studenten aus dem Umfeld der Universitätsstadt Halle, in der sich Anselmus aufgehalten hatte. Im Saalekreis wurde ehedem Kümmelanbau betrieben.

Laminge: Lemminge: Wühlmäuse, die sich bei ihren langen 12.2
Wanderungen auch auf die Gefahr des Todes hin nicht von ihrem geraden Weg abbringen lassen.

Zopf: Die Zopfperücke des Rokoko galt spätestens seit der 12.16
Französischen Revolution im Gegensatz zu offenem, natürlichem Haar als Zeichen der Reaktion; sie wies ihren Träger als Anhänger der alten Ordnung aus.

Donauweibchen: Gemeint ist Ferdinand Kauers (1751–1831) 13.10
romantisch-komisches Singspiel von 1798 nach einen Text von Carl Friedrich Hensler (1759–1825). Es war eines der beliebtesten dt. Singspiele der Zeit, dem 1803 ein noch beliebterer zweiter Teil folgte. Hoffmann kannte es aus Berlin, wo 1801 bzw. 1802 beide Teile als *Die Nymphe der Donau* uraufgeführt wurden, und aus Bamberg, wo *Das Donauweibchen* 1812 auf die Bühne kam.

drei in grünem Gold erglänzende Schlänglein: Sie verweisen auf 14.11–12
die antike Triade der Quellnymphen, auf die Schlangenjungfrau und auf Melusine, die als gefährliche Geliebte lockt. Die Schlange verführt Eva, Eva Adam.

Smaragden: Der grüne Edelstein ist als Symbol des klaren 14.18
Selbstbewusstseins v. a. Serpentina und dem Palast Lindhorsts zugeordnet. Er zeigt die Welt des Wunderbaren an. Anselmus entdeckt im Spiegel des Smaragdblattes seine poetische Begabung.

dunkelblaue Augen: Veronika hat gleichfalls »dunkelblaue Au- 14.24
gen« (21.2) und weist somit eine geheime Verwandtschaft mit Serpentina auf. Beide werden einander ähnlich beschrieben, beide Frauenbilder überlagern sich zeitweise für Anselmus. Je mehr er in seiner Fantasie oder seinem Wahn Poesie und Wirklichkeit als Einheit sieht, desto mehr verschmelzen Serpentina und Veronika in seiner Vorstellung miteinander (81.27). – In Novalis' *Heinrich von Ofterdingen* hat Mathilde ebenfalls blaue Augen, die ihre Beziehung zur »blauen Blume«, dem Symbol der Romantik schlechthin, zeigen.

16.4 **Graun**: Karl Heinrich Graun (1703/1704–1759). Kapellmeister am Hof Friedrichs des Großen (1712–1786). Seine damals beliebten Opern sind im älteren ital. Stil geschrieben. Er war v. a. durch sein 1755 entstandenes Passionsoratorium *Der Tod Jesu* berühmt. Seine Kirchenkompositionen gelten als die wichtigsten Schöpfungen des empfindsamen Stils.

17.33–34 **Candidatus theologiae**: (lat.) Kandidat (= Anwärter) der Theologie. Anselmus studiert anscheinend jedoch Jura (vgl. 12.14–26). Hofrat könnte er am ehesten als Jurist werden.

18.1 **Koselschen Garten**: Der Coselsche Garten lag an der Elbe auf dem so genannten Anbau in der Dresdener Neustadt, kurz vor dem Linkischen Bade. Mittwochs und sonntags fanden dort Konzerte statt.

18.20 **Antonschen Garten**: Gartenlokal am Elbufer gegenüber dem Coselschen Garten. Hoffmann schrieb an Kunz am 12. August 1813: »Am 10ᵗ hatten wir hier Napol[eons] Geburtsfeyer, durch FreyTheater, Illumination, GartenDiner unter freyem Himmel, Feuerwerk und hauptsächlich KanonenDonner, daß die Fenster klirrten und die Häuser wackelten. – Das in der That feurige Feuerwerk wurde auf der Brücke abgebrannt und gewährte mit seinen dito feurigen Reflexen im Wasser einen wunderbar feenhaften Anblick.«

20.13 **Veronika**: Die kath. Heilige (Namenstag: 4.2.) wird als Schutzheilige der Pfarrhaushälterinnen, Wäscherinnen, Leinenweber, Leinenhändler und Weißnäherinnen verehrt, und zwar aus folgendem Grund: Die bis ins 4. Jh. zurückreichende Veronika-Legende meinte zunächst die von Jesus geheilte blutflüssige Frau (Matthäus 9,20 ff.), die von ihm ein Bild habe malen lassen. Im 12. Jh. wurde diese Veronika mit einem »Vera Ikon« (lat./griech. »wahres Bild«) genannten Christusbild serb. Ursprungs der röm. Peterskirche in Verbindung gebracht. Dieses Bild sei entstanden, als Jesus sein Gesicht auf dem Weg zur Kreuzigung mit dem Schleier der Veronika abtrocknete. Das so genannte »Schweißtuch der heiligen Veronika« soll das Antlitz des dornengekrönten Jesus zeigen.

20.28 **lateinische Frakturschrift**: Im Gegensatz zur geradlinigen Antiqua eine eckige dt. Schrift, die aus abgesetzten Buchstaben besteht. Das kalligraphische Ideal nach 1800 ist dagegen die buchstabenverbindende, runde Kurentschrift. Als elementare Schreibsysteme gelten nach Kittler (1985) für die Zeit um 1800 Pöhlmanns und Stephanis Normschriften.

Blutigel: Blutegel. Friedrich Nicolai (1733–1811), Repräsen- 21.21
tant der Aufklärung, beschreibt in *Beispiel einer Erscheinung mehrerer Phantasmen nebst einigen erläuternden Anmerkungen* (1799) die auch an ihm erprobte Behandlungsmethode und wird deshalb in Goethes *Faust* (Walpurgisnacht) als Proktophantasmist verspottet: »Und wenn Blutegel sich an seinem Steiß ergetzen, / Ist er von Geistern und von Geist kuriert.« Nicolai berichtet von sich unterhaltenden Trugbildern, die sich an die Erkrankten wendeten. Das Ansetzen von Blutegeln bei der Behandlung ekstatischer Zustände war durchaus üblich.

Lindhorst: Christian David Lindhorst, Jurist in Königsberg, der 22.26
während Hoffmanns dortiger Studienzeit um 1794 vermutlich Justizrat war. Der aus »Lind«, Lindwurm, und »Horst«, Raubvogelnest, zusammengesetzte Name kann als Begriff für Drachen- oder Schlangennest gedeutet werden. Die geflügelte Drache wiederum gilt als eines der ältesten Symbole der Alchemie.

Heller: Ursprünglich ein silberner Pfennig. Im 18. Jh. wurde der 23.35
Heller als Kupfermünze zum Inbegriff der kleinsten Münze.

Conradi's Laden: Wilhelm Conradis Konditorei befand sich in 24.18
der Dresdener Schloßgasse 252.

Magenlikör's: Alkoholgenuss spielt in dem Märchen eine be- 24.19
deutende Rolle. Zu viel getrunken, kann er zum Verfehlen des Wunderbaren und zum Katzenjammer führen, mäßig getrunken, kann er anregend wirken und zur Steigerung der poetischen Kraft beitragen. Dies entspricht der Tradition der »sobria ebrietas«, der Ausgewogenheit von Rausch und Nüchternheit, dem in der Poetik die Ausgeglichenheit von Begeisterung und Besonnenheit gleichkommt.

Türklopfer: Sein Vorbild ist der Türknauf der Eingangstür ei- 24.25
nes Wohnhauses des Bamberger Verlegers Carl Friedrich Kunz, Eisgrube 14, in Form eines grinsenden Frauenkopfes.

Der Geist schaute: In der folgenden Erzählung klingen natur- 25.25
philosophische Werke der Romantik mit den darin enthaltenen Schöpfungsmythen an (vgl. Kommentar S. 122f.).

Feuerlilie: In Goethes »Märchen« verwandelt eine Lilie das Le- 26.18

bendige zu Stein und erweckt alles Tote zum Leben. Bei Novalis neigt sich aus der Blauen Blume Mathilde Heinrich von Ofterdingen sehnsuchtsvoll entgegen. Der ind. Lotos, der aus dem Nabel Vishnus wächst, birgt den Schöpfer Brahman. Der ägypt. Sonnengott steigt am Beginn der Schöpfung aus einer Lotosblüte. Die Feuerlilie gilt als Sinnbild des Verlangens.

26.21 **Phosphorus:** (griech.) Lichtbringer; (lat.) Luzifer. Die Venus, der Morgenstern, wurde mit dem gefallenen Engel gleichgesetzt.

28.1 **orientalischer Schwulst:** Die Illusionsdurchbrechung spielt auf Ludwig Tiecks *Zerbino* (1799) an, in dem gleichfalls von orient. Schwulst gesprochen wird.

30.5 **Hexe:** Vgl. J. A. Scholtz: *Ueber den Glauben an Zauberei in den letztverflossenen vier Jahrhunderten*, Breslau 1830, S. 120 f: »Im Jahre 1801 fielen einer Gerichtsperson bei Gelegenheit einer Gränz-Commission in der Nähe eines kleinen pohlnischen Städtchens die Reste einiger abgebrannter in der Erde steckenden Pfähle in die Augen. Auf Befragen wurde von einem dicht anwohnenden glaubhaften Manne darüber zur Auskunft gegeben: dass im Jahre 1793, als sich eine Königliche Commission zur Besitznahme des ehemaligen Südpreussens für den neuen Landesherrn in Posen befand, der pohlnische Magistrat jenes Städtchens auf erfolgte Anklage zwei Weiber als Hexen zum Feuertode verurtheilt habe, weil sie rothe entzündete Augen gehabt, – ein bereits nach dem *Hexenhammer* verdächtiges Uebel – und das Vieh ihres Nachbars beständig krank gewesen sei. Die Commission in Posen habe auf erhaltene Kunde davon, sofort ein Verbot gegen die Vollstreckung des Urtheils erlassen. Selbiges sei aber zu spät angelangt, indem die Weiber inmittelst bereits verbrannt worden.« In dem nach der zweiten poln. Teilung Preußen zugefallenen Posen fanden sich noch die Prozesse vor. Hoffmann war vom Jahr 1800 an Assessor bei der Regierung in Posen, ehe er 1802 in das poln. Städtchen Płock/Weichsel strafversetzt wurde.

30.24 **bekanntes Kaffeehaus:** Gemeint ist vermutlich das Café Eichelkraut auf dem Dresdener Altmarkt, Ecke Seegasse.

36.30 **Serpentina:** (lat.) serpens: Schlange; (lat.) serpentina: von Schlangen stammend. Hoffmann kannte mit einiger Sicherheit Gozzis Märchen *La Donna Serpente*. – Die »figura serpentinata« geht auf Leonardo da Vinci (1452–1519) zurück. Sie wird von dem Maler, Dichter und Kunsttheoretiker Giovanni Paolo Lomazzo (1538–1600) als »schlangengleiche, den Kosmos durchwaltende Schönheitslinie« beschrieben, die ihr »Sinnbild [. . .] in der Natur der Feuerflamme, dem Element der Salamander, und in den Wellen des Wassers« findet. Hoffmann könnte diese manieristische Tradition durch William Hogarths (1697–1764) Schrift *The Analysis of Beauty* (1753) kennen gelernt haben. In ihrer bürgerlichen Variante wurde diese Tradition in der zeitgenössischen Kalligraphie als Schlangenlinie, als S-Linie, fortgesetzt.

Cicero de officiis: Der röm. Redner, Politiker und Schriftsteller 40.8
Marcus Tullius Cicero (106–43 v. Chr.) verfasste seine Abhandlung *De officiis* (*Über die Pflichten*), in der er seine Weltanschauung und Tugendlehre behandelt, als Mahnschrift für seinen in Athen studierenden Sohn Marcus.

Alräunchen: Die Alraune oder Mandragora, eine Wurzel von 43.18
koboldartiger Gestalt, wird als heilbringend oder giftig angesehen. Die so genannten Galgenmännlein, die nach dem Volksglauben aus dem Samen Gehenkter erwachsen, sollen die Kraft haben, verborgene Schätze zu finden.

Tode: Einzige Stelle, die das Zeitgeschehen der napoleonischen 44.20
Kriege andeutet.

Seetor: Das Tor am Ende der Dresdener Seegasse wurde 1821 45.33
abgetragen.

Auripigment: Das goldgelbe Pulver aus Schwefel und Arsen 48.13
diente der Behandlung von Hautkrankheiten und übt auf erkrankter Haut eine mäßig ätzende Wirkung aus.

Feengartens: Anselmus muss erst in einem gewöhnlichen Stu- 52.28
dierzimmer arbeiten, das Lindhorst als »Kabinett« (58.26) bezeichnet. Dies gilt als Anspielung auf Bierlings Märchensammlung *Das Cabinet der Feen*, die noch der Aufklärung verhaftet ist. Die Mitte der Zauberwelt liegt dagegen im »blauen Bibliothekssaal« (53.33–54.10), der auf Bertuchs Märchensammlung *Die Blaue Bibliothek aller Nationen* hinweist, in der das Wunderbare vorherrscht.

Endlich traten sie in ein großes Gemach: Anspielung auf die 53.33–34
Wallenrodt'sche Bibliothek, die im 17. Jh. in zwei Räumen hin-

ter der Orgel des Königsberger Doms eingerichtet worden war. Die Stützen der Buchgestelle waren mit grünen Palmstämmen verziert, die mit Laub verbunden waren, das den Gewölbelinien folgte. Die Decke zeigte ein Sternengewölbe von goldenem Rankenwerk. Hoffmann erhielt 1790–91 Orgelunterricht beim Domorganisten Christian Wilhelm Podbielski (1740–1792). Die Bibliothek wurde von Königsberger Studenten benutzt.

54.4 **Palmbäume:** Hoffmanns Familiensiegel zeigt eine Palme. Die Palme gilt als Sinnbild der Erkenntnis.

58.14 **den goldnen Topf:** Im Entwurf des Märchens war er als »Nachttopf« gedacht; dies könnte ebenso wie die Punschgesellschaft der Neunten Vigilie auf Hogarths Kupferstich »A Midnight Modern Conversation« (1733) zurückgehen, den Georg Christoph Lichtenberg (1742–1799) im *Göttinger Taschenkalender* unter dem Titel »Hogarths Mitternachts-Club, gemeiniglich die Punsch-Gesellschaft genannt« (1786) und noch einmal in der ersten Ausgabe seiner Hogarth-Kommentare unter dem Titel »Eine gesellschaftliche Mitternachts Unterhaltung im neuesten Geschmack oder die Punschgesellschaft« (1794) erläuterte. Lichtenberg bezeichnet den Nachttopf als Urne der Najade Cloacina, die als Elementargeist der Nixe Undine verwandt ist, die namensgebend für Friedrich de la Motte Fouqués Märchen wurde, das die Vorlage für Hoffmanns Oper *Undine* bildete. – Ein Nachttopf entzaubert auch das Geschehen in Christoph Martin Wielands (1733–1813) »Geschichte des Prinzen Biribinker«, die in seinem satirischen Roman *Der Sieg der Natur über die Schwärmerey oder Die Abenteuer des Don Sylvio von Rosalva* (1764) eingebettet ist. In Titus Maccius Plautus' (~250–184 v. Chr.) Komödie *Aulularia* – eine dt. Übersetzung mit dem Titel *Goldtopf* stand in Kunz' Leihbibliothek – ist er als goldener Topf Hochzeitsmitgift. Außerdem spielt der Nachttopf in den *Contes licencieux*, einer Parodieform der franz. Feenmärchen, eine gewichtige Rolle.

59.17 *Höllenbreughel:* Der niederl. Maler Pieter Breughel der Jüngere (1564–1638) wurde zur Unterscheidung von seinem Vater, Pieter Breughel der Ältere (1525/1530–1569), dem »Bauern-Breughel«, wegen der bei ihm häufigen Spuk-, Feuer- und Nachtszenen so genannt.

im goldnen Engel [. . .] der Stadt Naumburg: Dies sind drei be- 62.16–17
kannte Dresdener Gasthöfe in der Wilsdruffer Gasse. In der
»Stadt Naumburg« wohnte Hoffmann vom 25. April bis zum 9.
Mai 1813 nach seiner Ankunft in Dresden.

Wahnsinn: In der zweiten Hälfte des 18. Jh.s hatte sich die Sicht 64.16
auf Geisteskrankheiten erheblich verändert. Theorie und Praxis
ihrer Behandlung erfuhren einen erheblichen Wandel, denn
Wahnsinnige wurden nunmehr als – potentiell heilbare – Kranke
betrachtet und nicht mehr gemeinsam mit Verbrechern inhaf-
tiert. Der Franzose Philippe Pinel erlangte Berühmtheit, nachdem er 1794 in der von ihm geleiteten Anstalt von Bîcetre Wahnsinnige nicht mehr wie Kriminelle behandelte und sie von ihren
Ketten befreite. Sein humanes Verständnis der Geisteskrankheiten machte die Empirie, die eigenen Beobachtungen, zur Grundlage der Therapie. Der blanken Verwahrung der psychisch Kranken wurden Behandlungsversuche beigesellt: Zwangsjacken,
Schocktherapie, Blutaustausch und Ekelkuren sollten eine Hei-
lung herbeiführen. Gängigen Theorien nach war Wahnsinn eine
Krankheit des Gehirns oder der Nerven, deren Symptome lediglich auf biologische Störungen zurückzuführen seien. Erst eine
Anhäufung einzelner Symptome, ein Übermaß an innerer Erre-
gung, könne zum Wahnsinn führen. Vorläufer der Psychoana-
lyse hingegen sahen Wahnsinn als emotionales Problem, das aus
der Lebensgeschichte des Patienten abgeleitet werden könne.
Die wissenschaftliche Beschäftigung mit dem Wahnsinn führte
allgemein dazu, dass Irrsinn als eine Bedrohung empfunden
wurde, die kein übernatürliches Verhängnis mehr war. Da er als
Krankheit angesehen wurde, wuchs die Angst, selbst betroffen
zu werden, wie Heerbrands Äußerung zeigt: »wissen Sie denn
nicht auch, daß der Wahnsinn ansteckt?«; 95.8–9). Wahnsinn
wurde zum Stempel, mit dem das Bürgertum von ihm abwei-
chendes Verhalten belegte. Schriftsteller, Maler, Musiker, die
sich häufig selbst als Außenseiter betrachteten, waren vom
Wahnsinn fasziniert. Er wurde zur literarischen Mode der Zeit.

Bhogovotgita's Meister: Friedrich Schlegel (1772–1829) 68.10
schreibt in *Über die Sprache und Weisheit der Indier. Ein Beitrag
zur Begründung der Alterthumskunde* (1808) die Bhogovotgita
sei ein didaktisches Gedicht, das einen beinah vollständigen kur-

zen Inbegriff des ind. Glaubens gebe und stehe in hohem Ansehen. Die spätere Schreibweise dieses religiös-philosophischen Lehrgedichts in 18 Gesängen, das den sechsten Teil des ind. Nationalepos *Mahabharata* bildet, lautet *Bhagavadgita* (ca. 4./3. Jh. v. Chr.). Die von Hoffmann gebrauchte Namensform findet sich ebenso in Schuberts *Ansichten von der Nachtseite der Naturwissenschaft*.

72.13 **Atlantis**: Name für ein im Meer versunkenes, sagenhaftes Reich, das bereits Platon (427–347 v. Chr.) beschrieb. Atlantis ist eine Chiffre für Utopia und für dessen paradiesische Gesellschaftsordnung; hier ist wohl eher das Reich der Poesie gemeint. Im *Heinrich von Ofterdingen* des Novalis wird Klingsohr König im Traumreich Atlantis.

77.25 *Die Punschgesellschaft*: Ihre Darstellung folgt Hogarths Kupferstich »A Midnight Modern Conversation« (vgl. Erl. zu 58.14).

78.29 **Pirnaer Tor**: Das 1590 erbaute Dresdener Stadttor am Pirnaischen Platz wurde 1820 beseitigt.

81.7 **foliiert und rubriziert**: »Foliieren«: das Nummerieren von Blättern; »rubrizieren«: einer Spalte zuordnen; beides sind Fachbegriffe der Registratoren.

81.13 **Arrak**: Bestandteil des Punsches. Er wird in südasiat. Ländern aus gegorenem Palmsaft gewonnen. Die Verwandlung der Pflanzen in Serpentina rufen den Liebesrausch des Anselmus hervor. Sie erzeugen nach ihrer Destillation den Alkoholrausch des Märchenschreibers. E. T. A. Hoffmann schreibt in *Höchst zerstreute Gedanken*: »Man spricht so viel von der Begeisterung, die die Künstler durch den Genuß starker Getränke erzwingen – man nennt Musiker und Dichter, die nur so arbeiten können (die Maler sind von dem Vorwurfe, soviel ich weiß, frei geblieben.) – Ich glaube nicht daran – aber gewiß ist es, daß eben in der glücklichen Stimmung, ich möchte sagen, in der günstigen Konstellation, wenn der Geist aus dem Brüten in das Schaffen übergeht, das geistige Getränk den regeren Umschwung der Ideen befördert. – Es ist gerade kein edles Bild, aber mir kommt die Fantasie hier vor, wie ein Mühlrad, welches der stärker anschwellende Strom schneller treibt – der Mensch gießt Wein auf, und das Getriebe im Innern dreht sich rascher! – Es ist wohl herrlich, daß eine edle Frucht das Geheimnis in sich trägt, den menschlichen Geist in seinen eigensten Anklängen auf eine wunderbare Weise zu beherrschen. – Aber was in diesem Augenblick da vor mir im Glase dampft, ist jenes Getränk, das noch wie ein geheimnisvoller Fremder, der um unerkannt zu bleiben, überall seinen Namen wechselt, keine allgemeine Benennung hat, und durch den Prozeß erzeugt wird, wenn man Cognak, Arrak oder Rum anzündet und auf einem Rost darüber gelegten Zucker hinein tröpfeln läßt. – Die Bereitung und der mäßige Genuß dieses Getränkes hat für mich etwas wohltätiges und erfreuliches. – Wenn so die blaue Flamme emporzuckt, sehe ich wie die Salamander glühend und sprühend herausfahren und mit den Erdgeistern kämpfen, die im Zucker wohnen. Diese halten sich tapfer; sie knistern in gelben Lichtern durch die Feinde, aber die Macht ist zu groß, sie sinken prasselnd und zischend unter – die Wassergeister entfliehen sich im Dampfe emporwirbelnd, indem die Erdgeister die erschöpften Salamander herabziehen und im eignen Reiche verzehren; aber auch sie gehen unter und kecke neugeborne Geisterchen strahlen in glühendem Rot herauf, und was Salamander und Erdgeist im Kampfe untergehend geboren, hat des Salamanders Glut und des Erdgeistes gehaltige Kraft. – Sollte es wirklich geraten sein, dem innern Fantasie-Rade Geistiges aufzugießen, (welches ich doch meine, da es dem Künstler nächst dem rascheren Schwunge der Ideen eine gewisse Behaglichkeit, ja Fröhlichkeit gibt, die die Arbeit erleichtert), so könnte man ordentlich Rücksichts der Getränke gewisse Prinzipe aufstellen. So würde ich z. B. bei der Kirchenmusik alte Rhein- und Franzweine, bei der ernsten Oper sehr feinen Burgunder, bei der komischen Oper Champagner, bei Canzonetten italiänische feurige Weine, bei einer höchst romantischen Komposition, wie die des Don Juan ist, aber ein mäßiges Glas von eben dem von Salamander und Erdgeist erzeugten Getränk anraten! – Doch überlasse ich jedem seine individuelle Meinung und finde nur nötig für mich Selbst im Stillen zu bemerken, daß der Geist, der von Licht und unterirdischem Feuer geboren, so keck den Menschen beherrscht, gar gefährlich ist, und man seiner Freundlichkeit nicht trauen darf, da er schnell die Miene ändert und statt des wohltuenden behaglichen Freundes, zum furchtbaren Tyrannen wird.«

84.28 **Furcht von den Hühnern gefressen zu werden**: Johann Christian Reil erzählt in *Ueber die Erkenntniss und Cur der Fieber, Besondere Fieberlehre, Vierter Band, Fieberhafte Nervenkrankheiten*, im dritten Kapitel die Geschichte eines Menschen, der glaubte, dass er auf der linken Schulter einen Affe hätte. Des Weiteren nahm er an, sein Bauch sei so dick, dass er überall anstoßen würde. Ein andermal hielt er sich für ein Gerstenkorn, das die Vögel fressen würden, sobald er aus der Stube ginge.

87.3 *Kreuzschüler*: Schüler der durch Kirche und Chor berühmten Dresdener Kreuzschule, die der anderen Dresdener Gelehrtenschule, die Annenschule, vorgezogen wurde.

89.7 **Josephs**: Bekannte Dresdener Weingaststätte, in der Hoffmann oft zu Gast war.

89.14 **Weinberg**: Außerhalb Dresdens an der Bautzener Landstraße gelegener Ausflugsort.

91.9 **Wechselbalg**: Im germ. und kelt. Aberglauben ein hässlicher, missgestalteter Mensch, der nach der Geburt von bösen Geistern der Mutter anstelle des eigenen Kindes untergeschoben wird.

96.24 **Sonntagskind – Schwestern von Prag**: *Das Neusonntagskind* (1793) und *Die Schwestern von Prag* (1794) des Komponisten Wenzel Müller (1764–1835) nach Texten von Joachim Perinet (1765–1835) waren bekannte Singspiele der Zeit. Hoffmann, der sich in *Der Dichter und der Komponist* anerkennend über die Opere buffe äußert, dirigierte *Das Neusonntagskind* am 4. Januar 1814 in Leipzig. *Der Dichter und der Komponist* entstand während der Kriegsereignisse um Dresden. Am 19. September 1813 hat Hoffmann die Erzählung begonnen, die er dem Tagebuch nach am 9. Oktober 1813 vollendete. Sie entstand zugleich mit *Der goldene Topf*.

99.16 **Kreuz**: Während der Kämpfe um Dresden wurde die Elbbrücke stark beschädigt. Das Kreuz auf der Elbbrücke wurde am 31. Mai 1845 von einer Flut fortgerissen.

101.31 **Eldorado**: Span.: Der Goldene. Das sagenhafte Goldland in Südamerika steht für das Paradies.

102.20 **Gabalis**: *Le comte de gabalis ou entretiens sur les siences secrètes* (1670; dt. *Graf von Gabalis oder Gespräche über die verborgenen Wissenschaften*, 1782) von Abbé Montfaucon de Villars (1635–1673) behandelt die Elementargeister und ihr Verhältnis zu den Menschen. Das im 18. Jh. weit verbreitete Werk lieferte zahlreichen Schriftstellern Hinweise auf Salamander, Undinen, Gnome und Sylphen. Die Elementargeister stehen für die vier Elemente, Feuer, Wasser, Erde, Luft.

Swedenborg: Der schwed. Geisterseher, Theosoph und Wundertäter Emanuel von Swedenborg (1688–1772) rühmte sich übernatürlicher Kräfte und geheimer Offenbarungen. Er behauptete, in einigen seiner Visionen alles Körperliche vollständig abgelegt zu haben. 102.21

Zeitgenössische deutsche Literatur
in der Suhrkamp BasisBibliothek

Marcel Beyer. Flughunde. Kommentar: Christian Klein. SBB 125. 347 Seiten

Peter Bichsel. Geschichten. Kommentar: Rolf Jucker. SBB 64. 194 Seiten

Norbert Gstrein. Einer. Kommentar: Heribert Kuhn. SBB 61. 156 Seiten

Peter Handke. Wunschloses Unglück. Kommentar: Hans Höller unter Mitarbeit von Franz Stadler. SBB 38. 132 Seiten

Christoph Hein. Der fremde Freund / Drachenblut. Kommentar: Michael Masanetz. SBB 69. 235 Seiten

Alexander Kluge. Der Luftangriff auf Halberstadt am 8. April 1945. Kommentar: Thomas Combrink. SBB 122. 134 Seiten

Patrick Roth. Riverside. Kommentar: Grete Lübbe-Grothues. SBB 62. 147 Seiten

Hans-Ulrich Treichel. Der Verlorene. Kommentar: Jürgen Krätzer. SBB 60. 176 Seiten

Martin Walser. Ein fliehendes Pferd. Kommentar: Helmuth Kiesel. SBB 35. 176 Seiten

Christa Wolf
- Kein Ort. Nirgends. Kommentar: Sonja Hilzinger. SBB 75. 157 Seiten